Erwin Wagenhofer
Sabine Kriechbaum
André Stern

ALPHABET

Erwin Wagenhofer
Sabine Kriechbaum
André Stern

ALPHABET

Angst oder Liebe

Erwin Wagenhofer
Sabine Kriechbaum
André Stern
alphabet
Angst oder Liebe

© 2013 Ecowin Verlag, Salzburg
Mit freundlicher Genehmigung der
henschel SCHAUSPIEL Theaterverlag GmbH
Alle Rechte vorbehalten.
Der Film „alphabet" ist eine Produktion der Prisma Film- und
Fernsehproduktion GmbH und der Peter Rommel Productions Berlin.
© der Fotos: Erwin Wagenhofer, Sabine Kriechbaum, André Stern,
Prisma Film- und Fernsehproduktion GmbH
Lektorat: Joe Rabl
Cover: artwork: esterer und horn, Foto: thomas röher, www.H2OFoto.de
Umschlaggestaltung: Saskia Beck
Gesamtherstellung: www.theiss.at
Printed in Austria
ISBN 978-3-7110-0041-5

3 4 5 6 7 8 / 15 14 13

www.ecowin.at

Inhaltsverzeichnis

Prolog	8
Bildungsvorbild China	18
Der Hirnforscher und die Denkmuster	36
Ranking und Profit	43
Das Spiel und die Spur	55
Arno Stern	57
Machen oder Gelingen	67
Längstdienender Personalchef Deutschlands	78
Jobs versus Arbeit	81
Die Besten der Besten	94
Die im Dunkeln sieht man nicht	110
Die geschlossene Angstgesellschaft	121
Werdegang einer guten Schülerin	128
Von der Verzweckung der Kindheit	139
„Born to be good" oder „The dog eat dog society"	148
Von Mutigen, die andere Wege beschreiten	156
Seismografen der Gesellschaft	169
Jeder ist anders	180
Nützliches und Unnützes	194
Epilog	203
Dank	209
Literatur- und Quellenverzeichnis	210
Weiterführende Literatur	212

Oft im Leben ist es einfacher, eine Sache zu beschreiben, indem man sagt, was sie nicht sein soll. Von Anbeginn des Projekts „alphabet" war geplant, auch ein Buch zu machen, und von Anfang an war klar, dass es weder ein Buch zum Film „alphabet" werden soll noch eine Art pädagogischer oder sonstiger Ratgeber. Was wir zeigen und mitteilen wollten, war: Es geht auch anders und es wäre gar nicht so schwer, wäre da nicht unser aller vorgefasste Meinung, man könne nichts ändern.

Es gibt keine Alternative, hört man oft von mächtigen Leuten, meistens von solchen, die von uns vielen einen immerzu wachsenden Beitrag verlangen – zur Geldvermehrung von wenigen. Wie ein Naturgesetz zieht sich dieser Irrglaube durch unser Leben und hinterlässt dort die Spuren der Erschöpfung.

Wir wollen in diesem Buch kleine Geschichten skizzieren, denen wir mit dem Film begegnet sind, auch jene, die dort keinen Platz gefunden haben, aber es wert sind, festgehalten zu werden. Und wir wollen eine ganz konkrete Geschichte erzählen, die Geschichte eines kleinen Erdenbewohners, der so alt ist wie dieses Film- und Buchprojekt. Der parallel dazu organisch gewachsen ist, in einer natürlichen Umgebung und auf eine Art und Weise, wie es vielen Kindern heutzutage leider vorenthalten wird.

Und wir wollen mit diesem Buch Mut machen, das Alte loszulassen, aus unserem selbst gewählten Gefängnis hinauszutreten durch die bereits geöffneten Türen, um dem Neuen zu begegnen, das auf uns wartet.

Prolog

> *„Ich glaube, unsere einzige Hoffnung für die Zukunft ist, ein neues Konzept von menschlicher Ökologie anzunehmen. Eines, in dem wir unsere Idee des Reichtums menschlicher Fähigkeiten neu entwickeln. Unser Bildungssystem hat unsere Köpfe genau so ausgebeutet, wie wir die Erde ausbeuten: um eines bestimmten Rohstoffs willen. Und für die Zukunft wird uns das nichts nützen. Wir müssen unsere fundamentalen Prinzipien, nach denen wir unsere Kinder ausbilden, überdenken."*
>
> Sir Ken Robinson

Sir Ken Robinson, selbst Musik-Begeisterter, ist in Liverpool, der Heimatstadt der Beatles, aufgewachsen und lebt heute mit seiner Familie in Kalifornien, seit ihn die Getty Foundation 2001 nach Los Angeles geholt hat.

Er ist ein international renommierter Bildungsberater, Redner und Autor und arbeitet für Regierungen, Konzerne und einige der bedeutendsten Non-Profit-Organisationen der Welt. Seine Mission sieht er darin, durch einen weiter reichenden Begriff von menschlicher Kreativität und Intelligenz zur Transformation der Bildungskultur, der Wirtschaft und der Gesellschaft beizutragen. Berühmt gemacht haben ihn seine TED-Talks, die von mehr als 250 Millionen Menschen gehört wurden. Queen Elizabeth II hat ihn für seine Verdienste im Bildungsbereich in den Adelsstand erhoben.

In seinem Buch „The Element: How Finding Your Passion Changes Everything" berichtet Robinson, dass sein Leben eigentlich völlig anders verlaufen hätte sollen, wenn nicht eine Polio-Infektion den vierjährigen Ken teilweise gelähmt zurückgelassen hätte. Bis dahin war er ein passionierter Fußballspieler gewesen, nun war er gezwungen, seine Interessen zu verlagern und das Beste aus der neuen Situation zu machen, der Traum seiner Fußballerkarriere war sehr früh geplatzt.

„Ich weiß nicht, was für ein Fußballspieler ich geworden wäre. Ich weiß aber, dass die Kinderlähmung mir sehr viel mehr Türen öffnete, als sie mir damals verschloss." Eine Katastrophe war zu einer unerwarteten Serie von Chancen geworden. Ken Robinson studierte, fand immer wieder zur rechten Zeit die richtigen Mentoren, die ihn in seinen Talenten bestärkten, beschäftigte sich intensiv mit Wissenschaft, Kunst und Pädagogik. Sein Hauptaugenmerk gilt der Entwicklung von Kreativität und Innovation, genauer gesagt weist er darauf hin, wie wichtig es ist, den Kindern die ihnen von Anfang an innewohnende Kreativität und Neugierde nicht mit rigiden Bewertungs- und Erziehungssystemen auszutreiben.

Als Erwachsene neigen wir dazu, ohne nachzudenken meistens Nein zu sagen, was uns viele Optionen, die womöglich zu neuen Lösungen geführt hätten, verwehrt.

Das führt letztendlich dazu, dass – wie Untersuchungen zeigen – nur mehr zwei Prozent der Menschen im Erwachsenenalter über fünfundzwanzig in höchstem Maß kreativ sind, obwohl wir fast alle als hochbegabte Wesen geboren werden. George Land und Beth Jarman, Autoren des Buches „Breakpoint and Beyond: Mastering the Future – Today", erklären, woran das liegen könnte: Während wir aufwachsen, übernehmen wir vorgefasste Meinungen, Werturteile, Antworten und Glaubenssätze unserer Umgebung, die uns ständig zu verstehen gibt, was gut und schlecht, richtig und falsch, schön und hässlich, erwünscht und unerwünscht ist, und so lernen wir, uns selbst so sehr zu limitieren, dass jegliche Kreativität im Keim erstickt wird.

Fragen Sie einen Fünfundzwanzigjährigen, ob er mit Ihnen singen möchte, wird er ziemlich sicher antworten: „O nein, Singen war noch nie meine Stärke. Ich singe so falsch, das kann ich Ihnen nicht antun." Laden Sie ihn zum Tanzen ein – ganz ähnlich: „Ich hatte immer schon zwei linke Beine, nie kann ich mich im Takt bewegen, nein, das kann ich leider nicht."

Fragen Sie aber kleine Kinder, sagen sie fast immer mit Begeisterung: „Ja!" Sie wollen singen, sie wollen tanzen, sie wollen malen, sie experimentieren mit allem, was ihnen begegnet!

Allerdings, und das ist die gute Nachricht, bestätigen die Forscher auch, dass dieser kreative Genius niemals völlig verschwindet, sondern weiter in uns schlummert – bereit, hervorzubrechen, sobald Freiraum dafür da ist.

„We do have this extraordinary power – I mean the power of imagination. Every feature of human culture is the consequence of this unique capacity. A capacity that has produced the most extraordinary diversity of human culture, of enterprise, of innovation.

But I believe that we systematically destroy this capacity in our children and in ourselves.

I pick my words carefully. I don't say ‚deliberately'.

I don't think it's deliberate, but it happens to be systematic.

We do it routinely, unthinkingly, and that's the worst of it.

Because we take for granted certain ideas about education, about children, about what it is to be educated, about social need and social utility, about economic purpose.

We take these ideas for granted, and they turn out not to be true." Sir Ken Robinson

Unsere Gedanken schreiben wir mit einem gewissen, metaphorischen Wortschatz, der selbst aus einem aus Erfahrungen, Begriffen und Konditionierungen zusammengesetzten Alphabet besteht.

Wie wir auf das Leben vorbereitet werden, hängt also davon ab, wie wir erzogen, sozialisiert und letztlich gebildet werden,

mit anderen Worten: welches „Alphabet" wir übergestülpt bekommen, mit dem ausgerüstet wir dann auf und in die Welt losgehen.

Laut Deepak Chopra, Autor und Mediziner, haben wir rund 60.000 Gedanken täglich; das Beunruhigende daran ist die Tatsache, dass 95 Prozent der Gedanken, die wir heute haben, identisch sind mit denen von gestern. Der Mensch ist demnach ein Bündel konditionierter Reflexe, mit denen er in voraussehbaren biochemischen Reaktionen und Verhaltensmustern auf äußere Reize reagiert.

Wenn man mit Menschen redet, die mit Fischen in Aquarien experimentieren, erfährt man so einiges. Zum Beispiel, dass man in einem richtig großen, naturgetreuen Aquarium vier Wände aus Glas bauen und Fische in diesem „Aquarium im Aquarium" frei schwimmen lassen und beobachten kann. Zuerst stoßen sie an die durchsichtigen Wände an. Bald aber kennen sie ganz genau die Grenzen ihres Reichs. Entfernt man die Glaswände nach einiger Zeit, schwimmen die Fische weiterhin im Viereck – den von ihnen registrierten Grenzen entlang, obwohl es sie nicht mehr gibt.

Warnung.

Antonin ist ein wahrhaftig freies, in all seinen spontanen Veranlagungen respektiertes Kind.
Aber er ist ein ganz gewöhnliches Kind.
Jedes unter vergleichbaren Bedingungen aufwachsende Kind würde auf seine eigene Weise eine ähnliche, einzigartige Entwicklung durchlaufen. Viele der hier beschriebenen Geschehnisse werden Sie aus Ihrer eigenen Kindheit oder aus derjenigen Ihrer Kinder erkennen, was unterstreicht, wie gewöhnlich Antonins Entwicklung ist.
Außergewöhnlich in unserer Gesellschaft sind lediglich die Bedingungen.
Zu glauben, dass diese Bedingungen aus einem Privileg resultieren, und dass sie deshalb nur im Einzelfall möglich sind, wäre aber eine diametrale Umkehrung der Realität. Als ob im Vorfeld der Rahmen stimmen würde! Als ob sich Antonins Familie zufällig unter gerade den Bedingungen befunden hätte, die diese Kindheit möglich machten, und sich gedacht hätte: Wie toll, alle günstigen Bedingungen sind gegeben, also nützen wir dieses Glück! Dabei ist es genau umgekehrt: Weil Antonins Familie sich für den Respekt seiner spontanen Veranlagung entschieden hat, musste sie die dazu passenden Bedingungen und den dazu passenden Rahmen erfinden und entsprechend organisieren.
Es hat auch nichts mit dem Bildungsgrad und den finanziellen Umständen von Eltern zu tun. Die Studien zum Thema „Freilerner" belegen, dass der Großteil von ihnen aus materiell ärmeren Familien kommt. Voraussetzung sind Zuneigung, Respekt und Vertrauen. Kostenlose Dinge, die allen Menschen zugänglich sind.
Den Rest bringt das Kind mit: Spielen, Imitieren, Imaginieren, Begeisterung, Neugierde, Verbundenheit und Wachstum sind angeborene, spontane Veranlagungen des Menschen. Damit kommen wir alle auf die Welt.
Was alle in sich tragen, kann unmöglich ein Privileg sein.

Antonin ist eines der ersten Kinder, die als zweite Generation nicht in die Schule geschickt werden. Ich, sein Vater, wurde seit mehr als vierzig Jahren weder von Lehrern noch von meinen Eltern unterrichtet. Es war ihre Entscheidung, schon vor meiner Geburt, und sie haben dabei nicht versucht, irgendeine Theorie, eine Idee, eine Hypothese zu verwirklichen, weder die chinesische noch die Laisser-faire-, noch die Homeschooling-Methode umzusetzen, sondern gar keine Methode! Sie sind nicht von Prinzipien, sondern immer vom Kind ausgegangen.
Es ist eine allgemeine Haltung. Eine Haltung, zu der man sich nicht überredet oder zwingt, sondern die aus der stillen Beobachtung entsteht und unumgänglich wird, eine Haltung, die grundlegend neu ist, weil sie zurück zum Anfang kehrt, zur ursprünglichen Kohärenz, zur organischen Verbundenheit, die wir in unserer Gesellschaft im Augenblick der Geburt verlassen müssen.
Was passiert denn, wenn wir – auch in unserer Gesellschaft – diese Weiche nicht nehmen, in unserem angeborenen Zustand der Begeisterung bleiben, tiefe Verbundenheit erfahren und zugleich unser Bedürfnis nach Autonomie ausleben und ein Leben lang ununterbrochen spielen?

Anfang Sommer 2008 fanden die letzten Dreharbeiten zu „Let's Make Money" statt, und zwar auf der Kanalinsel Jersey und in der City of London. Längst war der Welt klar, dass da eine Krise größeren Ausmaßes auf sie zurollt, eine Krise, die nicht vom Himmel gefallen ist, sondern von Menschen in die Welt gesetzt wurde, wie die meisten Krisen, die uns heimsuchen.

Wer in der City of London, dem größten und bedeutendsten Finanzplatz der Welt, einen Job haben will, muss entsprechende Zeugnisse vorweisen können. Nur die Besten der Besten bekommen Zutritt zu den heiligen Hallen des Kapitals, wo zwar kein Cent vorhanden ist, aber viele Billionen im Sekundentakt durchgeschleust und manipuliert werden.

Wer hier arbeitet, muss einiges mitbringen; einen Universitätsabschluss sowieso, blitzschnelle Auffassungsgabe, Fähigkeiten im ultraschnellen Kombinieren und Herstellen von Zusammenhängen, Risikobereitschaft sowie enorme Ausdauer und großes Beharrungsvermögen. Denn die Routinen wiederholen sich Stunde um Stunde, Tag für Tag, Jahr für Jahr. Ausgetauscht werden lediglich die Produkte und ihre globalen Zusammenhänge. Verdienen kann man an allem, wie sich herausgestellt hat, die Produkte will man allerdings nur, solange sie Profit abwerfen, oft sind das nur Millisekunden. Eigentlich ein Widerspruch zum wirklichen Leben, in dem Dinge angeschafft werden, damit sie lang halten und einem Freude machen. Aber um Werte geht es auf den großen Finanzplätzen der Welt längst nicht mehr, es geht um Profit! Um diesen fortwährend zu maximieren, braucht man junge Menschen, die an den besten Universitäten der Welt ausgebildet wurden.

Als ich in den Frühsommertagen 2008 in Jersey und London die vielen gut gekleideten und bestens ausgebildeten Leute beobachten durfte, spürte ich, dass hier etwas nicht stimmt, denn hier laufen in sehr konzentrierter und komprimierter Art und Weise Vorgänge ab, die von individuellen Interessen getrieben werden, und die Folgen dieses Tuns werden gar nicht berücksichtigt.

Im März 2009, die sogenannte Finanzkrise war längst mit voller Wucht über uns und die Welt hereingebrochen, just an dem Tag, als in London der G20-Krisengipfel stattfand, gab es an der Wirtschaftsuniversität Wien eine Sondervorführung von „Let's Make Money" vor mehr als tausend Studenten und anderen Interessierten.

Ich wurde gebeten, anschließend an einer Podiumsdiskussion teilzunehmen, und wurde vom Rektor der WU Wien freundlich in dessen Arbeitszimmer empfangen. Die Stimmung unter den Gästen, die allesamt aus dem wirtschaftlichen und dem universitären Bereich kamen, war sehr angespannt, geradezu deprimierend. Irgendwann nahm mich der Rektor zur Seite und zeigte auf ein sehr großes Bücherregal an der Wand seines Arbeitszimmers. Hier seien, so versicherte er mir, die ganzen je geschriebenen Standardwerke der Wirtschaftswissenschaften versammelt, und nach einer längeren Pause fügte er hinzu: Angesichts dieser Krise können wir all das, was in den Büchern steht, vergessen und müssen ein komplett neues System erfinden, damit es in Zukunft nie mehr zu solchen wirtschaftlichen Katastrophen kommt.

Heute wissen wir, wie dieses neue System in der alltäglichen Praxis aussieht. Das Neue ist einfach nur: „Mehr vom Alten!" In den Lehrplänen und Büchern der Wirtschaftswelt wurde kein einziger Beistrich geändert, seit diese Krise über uns hereingebrochen ist.

Selbst wenn die Menschen längst spüren, dass es so nicht weitergehen kann, halten sie verzweifelt am Alten fest und bekommen daher schwer die Hände frei für das Neue – eine menschliche Reaktion aus der alten Welt, aus der Welt der geschlossenen Angstgesellschaft.

Zwischen diesen beiden Momenten im Frühsommer 2008 und im Frühjahr 2009 hat sich in mir der Gedanke gefestigt, einen Film über dieses Thema zu machen, also die ganz logische Fortsetzung der vorangegangenen Filme „We Feed The World" und „Let's

Make Money", nämlich einen Film darüber: Wie ernähren wir uns geistig? Und schnell wurde mir klar, dass es darin nicht nur um Bildung gehen wird, sondern vor allem um Haltung!

Haltung ist etwas, das man nicht unterrichten, sondern nur vorleben kann, und Bildung ist etwas, das man nicht erzwingen, nicht machen kann, sondern das zur Verfügung gestellt werden sollte wie der üppige und unerschöpfliche Speisezettel des Lebens.

Die Idee zu diesem Film und zu diesem Buch war also nicht, Bildungssysteme miteinander zu vergleichen oder gar zu bewerten, sondern von einem nicht mehr tauglichen Ist-Zustand ausgehend die Zuschauer und Leser auf eine Reise einzuladen, deren Ziel es ist, in Bewegung zu kommen, um selbst die ersten Schritte zu tun.

Leben meint Bewegung. Demokratie meint so viele wie nur möglich.

Die Verantwortung für die Folgen unseres Tuns zu übernehmen, meint uns alle.

Viele von uns assoziieren mit dem Wort Bildung einen Ort, und dieser Ort heißt Schule. Fast jeder von uns in der sogenannten westlichen Welt hat irgendwann in seinem Leben eine Schule besucht; ob er oder sie dort gebildet worden ist, kann nur jeder für sich beantworten.

Die Schule als Institution ist in unseren Gegenden seit gut hundert Jahren ein fester Bestandteil der Gesellschaft und für viele ist daher der Gedanke, keine Schule besuchen zu können oder zu dürfen, unvorstellbar.

Es gibt jedoch genug Gegenden, Länder und Gesellschaften, wo Kindern und Menschen das simple Erlernen von Kulturtechniken wie Lesen und Schreiben oder die einfachen Regeln der Grundrechnungsarten verwehrt bleiben. Aus den unterschiedlichsten Gründen, aus finanziellen, zeitlichen oder ideologischen/religiösen, werden Menschen davon abgehalten, an Informationen zu gelangen, die ihr Leben verändern, ihr Bild von der Welt in einer Weise zurechtrücken und ihr Dasein erheblich verbessern könnten.

Es ist eine traurige Tatsache, dass Kindern – vor allem Mädchen und jungen Frauen – die Möglichkeit verwehrt wird, sich zu bilden und dadurch ihr Leben und jenes ihrer Familien zu verbessern und menschenwürdiger zu gestalten.

Über diesen Zustand einen Film und ein Buch zu machen, war aber nicht unser Ziel. Es ging vielmehr darum, vor der eigenen Haustür zu kehren. Denn eines ist klar: Unser westliches Modell einer sogenannten modernen, fortschrittlichen Gesellschaft ist einerseits ins Stocken geraten und an seine Grenzen gestoßen und wird andererseits als alternativloses Patentrezept verkauft. Es ist aber weder ehrenhaft noch verantwortungsvoll, etwas als die einzige Lösung in die Welt hinauszuposaunen, was längst veraltet ist. Denn das Neue ist nicht die Fortschreibung des Alten, wie uns die Geschichte lehrt.

Bildungsvorbild China

Die Dreharbeiten in China waren, was die Organisation betrifft, nicht ganz einfach. China ist nicht nur weit weg, sondern auch eine für uns Mitteleuropäer schwer zu verstehende Kultur.

Schon für „Let's Make Money" haben wir 2008 in China gedreht, nicht zuletzt in einer Wanderarbeiter-Schule, also kannte ich die Verhältnisse ein wenig und war daher sehr hellhörig, wenn China in PISA-Studien als großes Vorbild angepriesen wird.

Ich wusste von den circa 180 Millionen Menschen, die allein 2008 vom Land in die Städte zogen und dort quasi in einem rechtlosen Status leben, die die Wolkenkratzer hochziehen und unsere Konsumartikel, oft unter skandalösen Umständen für Mensch und Umwelt, herstellen.

Asien und ganz speziell China wird von vielen Unternehmern und auch Politikern immer wieder drohend ins Treffen geführt, wenn es darum geht, Jobs auszulagern und damit den Profit zu erhöhen. Diese Jobkeule, die mittlerweile seit Jahrzehnten geschwungen wird, ist es, die viele Leute bei uns in Angst und Schrecken versetzt. Dass dies jetzt auch mit dem Argument gemacht wird, die bilden ihre Kinder besser aus und diese Kinder sind viel fleißiger als die Kinder bei uns, diesem Argument wollten wir im Film begegnen.

Yang Dongping, Professor für Pädagogik der Naturwissenschaftlichen Universität Peking und Regierungsbeauftragter in Bildungsfragen, sahen wir zum ersten Mal in einer Fernsehserie des staatlichen chinesischen Fernsehens zum Thema „Schulen in China" und er war mir sofort sympathisch. Seine Art zu sprechen und seine Ausstrahlung hatte nichts vom Klischee eines chinesischen Partei-Apparatschiks der alten Schule.

Es gelang uns tatsächlich, Yang Dongping für unseren Film zu gewinnen, und im März 2012 saßen wir ihm dann in einem Restaurant gleich bei der Universität, wo er als Professor arbeitet, gegenüber.

Sofort ist klar, wir haben es mit einem sehr feinfühligen Menschen zu tun. Er hat sehr zarte Hände, spricht mit zurückgenommener Stimme und ist auf keinen Fall ein Mensch, der sich aufdrängen oder gar wichtig machen will.

Da er kein Englisch spricht, läuft das Gespräch über einen Dolmetscher, eine holprige Angelegenheit, die aber auch Vorteile hat. Während er auf die gestellten Fragen sehr ausführlich in seiner Muttersprache antwortet, bietet mir dies Gelegenheit, ihn zu beobachten, was auch ihm nicht verborgen bleibt. Schließlich ist er damit einverstanden, dass wir ihn bei einer Exkursion aufs Land begleiten und dass er uns in Peking für einige Stunden zur Verfügung steht. Damit ist eine weitere Hürde auf dem Weg zum Film genommen.

Von all den Personen, die mir bei „alphabet" begegnet sind, wird mir Yang Dongping als einer der Warmherzigsten in Erinnerung bleiben.

Q Pei ist elf Jahre alt und geht in die Volksschule in Wuhan, einer Millionenstadt in Mittelchina, am Jangtsekiang gelegen. Seine Großmutter setzt alles daran, aus ihrem Enkelsohn das Beste herauszuholen.

Es ist ganz typisch in China, dass Kinder bei ihren Großeltern aufwachsen, da die Eltern, eingespannt in die extrem fordernde Arbeitswelt, kaum Zeit für die Kinderbetreuung aufbringen könnten, zumal sie auch fast immer weit entfernt von ihren Familien in großen Städten ihrer Arbeit nachgehen.

Von früh bis spät begleitet die Großmutter Q Pei zur Schule, zum Nachhilfeunterricht und zu Wettbewerben. Q Pei schildert uns seinen Tagesablauf:

„Jeden Tag stehe ich um 7:10 Uhr auf, frühstücke und gehe dann in die Schule, um 12:30 Uhr komme ich heim, nach einer kurzen Pause gehe ich dann wieder in die Schule. Meistens endet die Schule um 16:10 Uhr, mittwochs und freitags um 15:30 Uhr. Zu Hause mache ich die Hausaufgaben, circa um 17:00 Uhr bin ich damit fertig. Danach schaue ich fern oder mache eine Pause. Um 20:00 Uhr gehe ich in die Nachhilfe. Normalerweise dauert die Nachhilfe bis 21:30 Uhr, aber wenn ich zu vertieft bin, dann bis circa 22:00 Uhr. Danach bereite ich noch die Materialien für

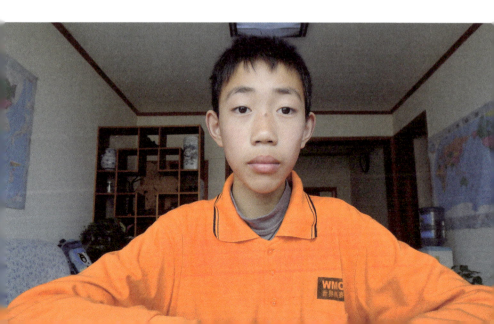

den nächsten Tag vor und gehe ins Bett. Samstags schreibe ich einen Aufsatz für die Schule, danach mache ich andere Hausaufgaben der Nachhilfeschule oder spiele ein paar Mathespiele zur Entspannung oder wiederhole für die Matheolympiade. Um circa 11:30 Uhr kommt mein Bruder zurück, dann essen wir, dann gehe ich mit meiner Oma oder meinem Onkel zum Nachhilfeunterricht. Am Sonntag mache ich die Hausaufgaben meines Nachhilfelehrers. Nach dem Mittagessen lässt mich meine Oma dann den PC einschalten und ein bisschen spielen. Bis zum Abendessen mache ich wieder Hausaufgaben."

22. März 2010
Wir sind seit zwölf Tagen mit Antonin im Krankenhaus. Es geht ihm viel besser. Vor wenigen Tagen ist er drei Monate alt geworden. Ich habe heute eine E-Mail von Sabine Kriechbaum erhalten. Mitten in diesen schwierigen Zeiten ist ihr Schreiben wie ein Lichtblick. Sie spricht von einem Filmprojekt über „Bildung". Der Filmemacher ist Erwin Wagenhofer. Es berührt mich, weil mir seine Filme so viel bedeuten. Und jetzt ist die Rede davon, meine Geschichte einer glücklichen Kindheit in seinen neuen Film aufzunehmen.
Pauline war es heute, die im Krankenhaus übernachtet hat. Sie ist jetzt kurz nach Hause gegangen. Ich bade Antonin. Man hat uns ein viel größeres, helleres Zimmer gegeben, ein wenig abseits, wir können hier besser „wohnen". Die Leute vom Krankenhaus haben verstanden, dass wir ihn keine Nacht allein lassen werden; in diesem Zimmer gibt es auch ein Bett, nicht mehr nur den bekannten Sessel. Nächste Woche sollte es denkbar sein, nach Hause zurückzukehren. Mit neuen Gewohnheiten. Und noch viel Angst in mir.

23. März 2010
Ich habe Angst. Antonin nicht. Er lebt in ununterbrochener Verbundenheit. Er sieht, er riecht, er spürt uns die ganze Zeit. Die äußeren Umstände verwirren ihn nicht, er fühlt sich nicht gefährdet, nicht allein. Die Leute vom Krankenhaus stellen fest: Er weint nicht. Das körperliche Unbehagen hat nicht die Oberhand gewonnen. Antonin nimmt es an, weil der Rest stimmt. Pauline singt ihm die Lieder, die er kennt.
Wenn das Clown-Paar vorbeikommt, das jeden Tag die Kinder hier zu unterhalten versucht, dann werden sie ganz leise. Sie legen ihre Rollen, ihre typischen, eingeübten Stimmen, Bewegungen und Spiele als Clowns draußen vor der Tür ab. Eigentlich ist das die Urkomik: Sie sind zwar grell verkleidet und haben Make-up im Gesicht, doch sonst sind sie ganz „normal". Wir haben

ihnen nichts gesagt, es kommt von ihnen. „Er ist einer von uns", sagen sie.

April 2010
Antonin wird bald vier Monate alt. Wir sind seit einer knappen Woche aus dem Krankenhaus. Ich bin gestern nach Toulouse geflogen, um den Lastwagen mit den Kulissen und Giancarlo abzuholen. Dann sind wir nach Brive-la-Gaillarde gefahren. Pauline, ihre Schwester und Antonin sind heute aus Paris angereist, wir haben sie am Bahnhof abgeholt. Paulines Schwester haben wir gewonnen, um mit Antonin zu sein, wenn wir auf der Bühne arbeiten. Hier spielen wir zum ersten Mal seit unserer Schwangerschaft wieder.
Die Leute vom hiesigen Theater sind gute Freunde. Alle sind gekommen, weil alle sich freuen und Antonin sehen, tragen, empfangen wollen. Er ist einfach da, mit uns, im Saal, in den Sesselreihen oder auf der Bühne, im Foyer oder in der Loge, auf dem Arm, im Bettchen, er atmet die Theaterluft, sieht allerlei Gesichter und Landschaften. Während der Auftritte bleibt er in der Loge. Ich stelle fest: Er ist jetzt immer in meinem Kopf, auch wenn ich spiele, aber es ist kein Störfaktor, im Gegenteil.
Mit Amandine von der Theatertruppe hat Antonin sofort eine besondere Verbindung. Sobald sie in seinem Blickfeld erscheint, schaut er sie fix an. Sie zeigt uns etwas, das wir ab jetzt immer wieder spielen werden: Sie schnalzt leise mit der Zunge und bewegt dabei den Kopf von links nach rechts. Antonin kann dem nicht widerstehen und lacht. Das ist das erste Mal, dass er so deutlich lacht.
Sie ist selbst Mutter eines vierjährigen Sohnes. Sie gibt uns Kleider in Antonins Größe, die sie nicht mehr braucht. „Ich weiß, dass ihr keine Kleider mit Zeichnungen und Motiven wollt", sagt sie. Woher sie es weiß? Ich glaube, sie hat es bloß gefühlt und beobachtet. Antonin trägt meine Baby-Kleider oder die von Eléonore, meiner Schwester. Maman hat sie alle behalten, jetzt hat sie sie ausge-

packt und gewaschen, und sie finden ein zweites Leben, vierzig Jahre später. Das ist gleichzeitig ganz logisch und für Maman besonders bewegend. Zumal Antonin mir immer ähnlicher wird. Schlichte Kleider, aus gutem Material, ohne Bilder. Warum? Dazu Papas Statement:

„An unseren weißen Wänden hingen keine Bilder, keine Poster. Unsere Kinder trugen keine mit Bildern und Schriften bedruckten T-Shirts. Sie konnten Bücher anschauen, wenn sie sich für einen Gegenstand interessierten und eine Information suchten. Aber wir verschonen sie mit der Beeinflussung durch Bilder, die in Kinderbüchern ‚kinderbestimmt' angefertigt zu finden sind, um sie nicht in ihrer eigenen Bildungsweise der Dinge zu beeinträchtigen. Natürlich begegneten sie Bildern in der Stadt, aber das in der Fremde Bemerkte ist nicht so schwerwiegend wie das Heimische. Das Zuhause ist eine unbezweifelte Bezugsquelle, die die Persönlichkeit prägt."

Im Juni 2011 treffen wir zum ersten Mal Andreas Schleicher in seinem Pariser Büro. Wir sind in Paris, um mit Arno Stern im Malort zu arbeiten und nutzen die Gelegenheit auch dazu, den PISA-Test-Erfinder kennenzulernen.

Die Gebäude der OECD (Organisation for Economic Cooperation and Development) sind wie ein Hochsicherheitstrakt geschützt, wir durchqueren mehrere Kontrollschleusen und landen schließlich im schlichten Büro von Andreas Schleicher, einem freundlichen Herrn in den besten Jahren. Relativ schnell kommen wir auf China und die dortige Situation, was den Zustand der Schulen und Studierenden betrifft, zu sprechen, denn die chinesischen Schüler liegen im PISA-Ranking an erster Stelle. Schleicher erklärt, warum, führt die Vorzüge des chinesischen Bildungssystems aus und ist vom Ehrgeiz der chinesischen Eltern begeistert. PISA-Tests gibt es in China in zwei Städten, in Shanghai und in Hongkong, mit einem sehr bescheidenen Sample, also wenigen teilnehmenden Schulen. Das fanden wir interessant: In zwei chinesischen Städten, die als äußerst westlich orientiert gelten, werden in wenigen gehobenen Schulen PISA-Tests durchgeführt, mit deren Ergebnissen dann die OECD-Staaten konkurrieren müssen (China ist ja bekanntlich kein Mitglied der OECD). Und so kam es, dass wir drei Monate später Andreas Schleicher bei einem Kurzbesuch nach Shanghai begleiten durften.

Ein Lehrer hängt eine Zeichnung in Form eines gebogenen Mondes an die Tafel. Die Schüler sollen erkennen, was das ist.
  Manche Schüler sagen: ein gebogener Mond.
  Andere meinen: eine Banane.
  Wieder andere sagen: ein kleines Boot.
  „Banane" gilt als die einzig richtige Antwort. Alle anderen Antworten werden automatisch als falsch zensiert.
  Ein weiteres, berühmtes Beispiel aus dem Chinesisch-Unterricht: Der Lehrer fragt, was aus dem Schnee wird, wenn er schmilzt.

Die erwartete Standardantwort lautet: Wasser. Ein Schüler antwortet: Nach dem Schmelzen kommt der Frühling. Er hat nicht bestanden.

Die Lehrer in China dulden keine Schüler, die ihre jeweilige Standardantwort infrage stellen, so müssen Neugier, Fantasie und Kreativität verkümmern. Auch mangelt es den Schülern an sozialen und praktischen Fähigkeiten. Das, was alle am besten können, ist: das Wiedergeben von vorgefertigten Antworten. Das perfekte Training für die PISA-Tests.

Im chinesischen Sozialsystem hatte Konkurrenz keinen Platz, alles war an der Gleichheit orientiert. Nach der Öffnung des Landes vor rund dreißig Jahren wurde die Planwirtschaft durch die Marktwirtschaft ersetzt. Das hat das Schulsystem stark beeinflusst. Vom Kindergarten bis zur Universität steht die Konkurrenz im Vordergrund.

Aus diesem unglaublichen Wettbewerbssystem heraus werden alle chinesischen Kinder und Jugendlichen zu Prüfungsrobotern herangezogen. Es gibt zu wenige Plätze an den begehrten Universitäten; aufgrund der eklatanten Überbevölkerung, aktuell leben in China 1,35 Milliarden Menschen, herrscht erbitterter Wettkampf. Kindheit und Jugend werden gänzlich dem Ziel geopfert, zu den Besten zu gehören und an den besten Universitäten aufgenommen zu werden. Schon vom Kindergartenalter an gibt es Wettbewerbe. Mehrere chinesische Nachhilfeinstitutionen sind bereits äußerst gewinnbringend an amerikanischen Börsen notiert. Der allgegenwärtige Prüfungsdruck in China ist zu einem bedeutenden Wirtschaftssektor geworden. Die Ein-Kind-Politik, die Ende der siebziger Jahre eingeführt wurde, hat zur Folge, dass die meisten Familien alles an Energie und Geld investieren, um ihrem Sprössling die bestmöglichen Leistungen zu entlocken. Bereits für das Kindergartenalter werden Trainingszentren angepriesen mit Slogans wie: „Nur nicht schon an der Startlinie verlieren!" Die Wertvorstellungen chinesischer Eltern werden in großem Ausmaß von derlei kommerziellen Kräften gesteuert.

Die jungen Menschen sollen Prüfungsmaschinen sein; andere menschliche Qualitäten sowie eigene Gedanken werden im Keim erstickt. Jedes Jahr kämpfen neun Millionen Schüler um sechs Millionen Studienplätze. Nur 0,3 Prozent schaffen Bestnoten und werden auf einer Eliteuni wie der Tsinghua-Universität oder der Peking-Universität Beida, beide in Peking, zugelassen.

Slogans, die die Prüflinge anspornen, sind allgegenwärtig: „Mit aller Kraft kämpfen! Später nichts bereuen!" Wer nur mittelmäßig abschneidet, muss damit rechnen, an einer unattraktiven Provinzuniversität zu landen und später als einer von Millionen arbeitslosen Hochschulabsolventen zu enden. Eine Studentin: „Bei der Gāo-Kǎo-Prüfung kannst du alles verlieren. Schlechte Noten beim Examen bedeuten den Eintritt in eine schlechte Universität, das bedeutet, du bekommst einen schlechten Job, und das heißt, du wirst ein schlechtes Leben haben."

Das Gāo Kǎo, wörtlich Hoher Test, ist das nationale Examen, die Abschlussprüfung im chinesischen Schulsystem, die einen Eintritt in das Studium ermöglicht, die Prüfung, um die sich von

Anfang an alles dreht, auf die das ganze Schülerleben ausgerichtet ist. Die erfolgreiche Absolvierung dieser Prüfung wird als Eintrittstor zu einem erfolgreichen Leben angesehen.

„Die ganze Welt verändert sich rapide. Denkt man darüber nach, dann ist das gesamte System der öffentlichen Bildung auf der ganzen Welt ein in die Länge gezogener Prozess der Eintrittsprüfung in die Universität. Und daher kommt es, dass viele hochtalentierte, brillante, kreative Menschen denken, dass sie es nicht sind, weil die Sache, bei der sie in der Schule gut waren, nicht wertgeschätzt oder sogar stigmatisiert wurde. Und ich denke, wir können es uns nicht leisten, so weiterzumachen.
Nach Angaben der UNESCO werden in den nächsten dreißig Jahren weltweit mehr Menschen ihre Ausbildung abschließen als seit dem Beginn der Geschichtsschreibung. Akademische Grade sind plötzlich nichts mehr wert, nicht wahr? Zu meiner Studentenzeit galt, wenn man einen Titel hat, kriegt man einen Job. Und wenn man keinen Job bekam, dann nur weil man keinen wollte. Heute müssen Kinder mit Abschlüssen aber oft wieder nach Hause zu ihren Videospielen gehen, denn man braucht einen Master, wo früher ein Bachelor ausreichte, und für den anderen Job schon einen Doktortitel. Es ist ein Prozess akademischer Inflation. Und das weist uns darauf hin, dass die ganze Struktur des Bildungswesens sich im Umbruch befindet. Wir müssen radikal unser Verständnis von Intelligenz überdenken." Sir Ken Robinson

„China hält sicher den Weltrekord, was schwierige Hausaufgaben und Schlafmangel unter Schülern betrifft. Alle, die zentrale Regierung, Eltern, Lehrer, Schuldirektoren und auch alle anderen gesellschaftlichen Schichten in China, kritisieren diesen Zustand vehement.
Wie alle Menschen wissen, schadet diese Art von Bildung nicht nur der gesundheitlichen und mentalen Entwicklung von Kindern und Jugendlichen, sondern sie tötet vor allem auch die

Kreativität und die Einbildungskraft. Sie bildet den Schüler nicht zu einem Menschen aus, der Neugier, Forscherdrang und Kreativität besitzt, sondern nur zu einer Prüfungsmaschine."
Yang Dongping

Viele Schüler und Studenten geben selbst zu, dass sie zwar frustriert und unglücklich mit all den auferlegten Zwängen sind, ihnen aber schlichtweg die Kraft fehle, dagegen zu rebellieren.

Ein Student aus Hunan kommentiert: „Ich kann diese auferlegten Rollen kaum ertragen, ich würde gern Widerstand leisten, doch ich fühle, dass ich machtlos bin. Wenn zu viel Druck auf deinen Schultern lastet, ist keine Kraft übrig, Dinge zu ändern. Alle um mich, Lehrer, Eltern, Kollegen, sagen dasselbe: Ich kann es nicht ändern. Darum füge ich mich."

„Ich denke, es gibt auch sehr viel Negatives, man muss sehen, in einer Schule hier, der Leistungsdruck, der dort herrscht, die Anforderungen, die an die Schüler gestellt sind – das ist sicherlich nicht etwas, was man sich für die eigenen Kinder wünscht, was man vielleicht selber so nicht akzeptieren kann, aber wie gesagt, diesen hohen Leistungsanforderungen auf der einen Seite, denen steht eben auch jede denkbare Unterstützung auf der anderen Seite entgegen." Andreas Schleicher

Aus der chinesischen Tradition heraus, in der Gehorsam und Respekt gegenüber den Eltern, den Lehrern, dem Staat einen hohen Stellenwert haben, ist es gut zu verstehen, dass die jungen Menschen in erster Linie den hohen Erwartungen ihrer Eltern und Familien entsprechen wollen. Allerdings sind die Erwartungen so hochgeschraubt, dass viele Schüler daran zerbrechen. Eltern und oft auch beide Großelternpaare setzen all ihre Hoffnungen in das meist einzige Kind der Familie, das jedenfalls besser sein soll als die anderen. So gibt es auch von Beginn an Rankings: Klassenbester, Schulbester, Landessieger, alles heiß begehrte Titel.

„Die Familienerziehung wird durch die ständigen Prüfungen in der Schule vernachlässigt, weil die Eltern sich nur um die Noten anstatt um das Verhalten und die Gesundheit der Schüler kümmern. Einige Beispiele: Ein Schüler hat für eine Prüfung 98 Punkte bekommen. Sein Vater hat ihm eine Ohrfeige gegeben und ihn gefragt, warum er nicht 100 Punkte geschafft hat. Eine Schülerin hat 100 Punkte geschafft und weint vor ihrer Mutter. Die Mutter fragt sie, warum. Sie antwortet, es gibt in ihrer Klasse außer ihr noch eine, die auch 100 Punkte hat. Es gibt zwei mit 100 Punkten, parallel auf dem ersten Platz.

Das zeigt, dass unnötiger Neid und bösartiger Wettbewerb bereits zu Schäden im Denken der Menschen geführt haben."
Yang Dongping

In keinem anderen Staat der Welt ist die Selbstmordrate so hoch, nehmen Stressfolgen, Nervenkrankheiten und chronische Schlafstörungen so rasch zu wie im boomenden Wirtschaftswunderland China, vor dessen Vorrangstellung der Westen sich so sehr fürchtet. Wird je gesehen, welchen Preis China für seinen wirtschaftlichen Aufstieg und die PISA-Bestnoten bezahlt?

„Diesen Menschen hier ist die Zukunft mehr wert als die Gegenwart. Jede Familie gibt ihr letztes Geld aus, um Kinder auf die bestmögliche Schule zu bringen, und wir sehen, dass es wirklich möglich ist, aus allen Kindern sehr, sehr viel herauszuholen."
Andreas Schleicher

Yang Dongping resümiert: „Es gibt zu viele Probleme. In der Stadt belasten die Schulen die Schüler mit unnötigen Prüfungen, auf dem Land kämpfen die Schüler um die Existenz der Schule. Das Ziel sollte aber sein, dass jeder glücklich lebt."

Ende April 2010

Wir sind wieder „on Tour", für drei Wochen in Toulouse. Wir spielen unsere „Camille Claudel" in einem großen Theater. Zehn Tage Vorbereitung, eine Woche Auftritte. Ich bewundere Paulines Ressourcen, denn das ist unser schwierigstes Stück. Wir haben es seit dem letzten Festival in Avignon nicht gespielt. Da waren wir im dritten Monat schwanger, und ich war nicht ganz beruhigt.

Jetzt ist alles wie früher und doch ganz neu, Antonin ist dabei. Oft bin ich mit ihm, während die anderen proben. Wir sind es noch nicht gewohnt, normalerweise bin ich bei jeder Probe dabei. Aber irgendwie funktioniert es trotzdem, alle sind bemüht, Lösungen zu finden. Paulines Schwester Isabelle ist für die Auftrittswoche wieder dabei. Der Cheftechniker ist ein guter Freund, der sich über den neuen Stern besonders freut und uns allerlei Dinge für ihn bringt.

Antonin packt seit einigen Tagen die Dinge, die man ihm gibt. Und er knabbert daran. Maman hat alle Rasseln und einfachen Spielzeuge aus ihren Schränken geholt. Auch diese hat sie alle aufbewahrt. Die meisten erkenne ich ganz genau, das waren Eléonores, als sie etwa im Alter von Antonin war. Aus gutem, nachhaltigem Material, schlicht und neutral.

Er verliert immer mehr sein braunes Haar. Er ist ganz schön rund. Wenn er schläft, berührt mich sein Friede zutiefst.

Es gibt erstaunliche Bilder von ihm in seinem Bettchen, auf der Bühne neben mir während einer Probe oder in unserer Loge. Er schaut sich im Spiegel an und beobachtet alle Glühbirnen, die, wie üblich, um den Spiegel herum angebracht sind.

Die Leute vom Theater und Eléonore haben auf die Tür dieser Loge ein Schildchen geklebt, wie sie an unseren hängen: „Antonin Stern" steht darauf.

Nach den Auftritten ist er meistens noch wach. Also erlebt er in meinen Armen die vielen Leute, das laute Foyer, die Bar mit all den Menschen, den Lichtern, den Geräuschen, den Gelächtern, der Musik etc.

Juni 2011
Wir unternehmen mit Antonin die erste Reise ins Ausland. Wir fahren zum ersten Mal nach Tamins in die Schweiz, zu Werni, meinem Gitarrenbaumeister, und seiner Familie. Meine zweite Heimat. Hier gibt es ganz viel Neues zu entdecken. Berge zum Beispiel oder Menschen, die eine andere Sprache sprechen, aber deren Ausdrücke man versteht. Oder die Gitarrenbauwerkstatt, diese komplexe, intime, goldene Welt.
Ich arbeite an Einstellungen für meine noch relativ junge zehnsaitige Gitarre. Es ist für mich ein merkwürdiges, natürliches und berührendes Bild, auf derselben Werkbank meinen Sohn im aufgeklappten Reisebett und meine Gitarre, umgeben vom vertrauten Werkzeug, zu sehen.
Sonst ist er oft in der Babytrage bei Pauline, die wieder an der kleinen Gitarre arbeitet, die sie während der Schwangerschaft angefangen hat. Sie arbeitet, feilt, sägt, hämmert behutsam Bünde in das Griffbrett ein, mit Antonin auf dem Bauch, der friedlich schläft oder aufmerksam zuschaut.
Einmal sitzt er auf meinem Schoß vor Paulines Werkbank und versteht plötzlich, an welchem Gegenstand seine Mama arbeitet.

Sie hält ihm die ganz kleine Gitarre entgegen, er packt sie und will sie nicht mehr loslassen. Er hat die Proportionen sofort verstanden: Er sieht mich immer schon mit einer großen Gitarre. Diese kleinere kann wegen ihres Formats nur für ihn sein, er denkt nicht nach, er lebt sich ein.

Robert kommt vorbei, unser amerikanischer, in der Gegend lebender Freund. Ein großer Musiker, der gekommen ist, um Antonin zu sehen. Und für ihn tut er das, was er am liebsten tut: musizieren. Er setzt sich an das Fußende von Antonins Bett und spielt Gitarre für ihn. Lebendige, mitreißende Stücke, aber keine Stücke für Kinder. Und auch das nimmt Antonin wahr: dass Robert für ihn spielt. Nach einer Weile tut er etwas, das er noch nie gemacht hat: Er tanzt kräftig mit den Beinen, und zwar im Rhythmus ... Zuerst frage ich mich, ob es ein Zufall ist, aber bald wird mir klar, dass er ganz genau dem Rhythmus und der Emotion folgt. Manches Mal schwingt er so fest mit den Beinen, dass das ganze Reisebett nach hinten verrutscht.

21. Juni 2010

Antonin bekommt die erste feste Nahrung, ich habe für ihn extra Mini-Bananen gekauft. Er zögert zuerst ein bisschen, es ist faszi-

nierend zu sehen, wie alle Stationen dieser Erforschung von total Neuem auf seinem Gesicht zu sehen sind.

Nachdem er eine Weile kahlköpfig gewesen ist, wächst nun blondes Haar – genau im Farbton von Pauline. Er dreht sich jetzt selbst seitlich um, das ist ganz neu. Dann spielt er auf dem Bauch mit aufgerichtetem Kopf. Krabbeln interessiert ihn nicht. Vor einigen Tagen, als wir ihn das erste Mal auf den Bauch gelegt haben, fühlte ich mich unwohl bei seinem unzufriedenen, unruhigen Atem. Seitdem versuchen wir nichts mehr auszuprobieren, was nicht organisch zwischen uns entsteht.

Wir tragen ihn seit jeher ganz nah am Körper. Pauline oft im Tragetuch, ich meistens in der Babytrage. Ich hasse Kinderwagen ... Ich finde sie furchtbar unbequem, platzraubend, isolierend, gefährlich. Wir haben zwar einen aus Österreich kommen lassen, der aus Öko-Bio-Materialien gebaut ist, aber wir verwenden ihn so gut wie nie. Ich will fühlen, wie es ihm geht, ob er es kalt hat oder warm, ich will spüren, wenn er den Kopf dreht, um das vorbeifahrende Auto zu sehen, ich will miterleben, wenn er langsam einschläft.

Antonin setzt sich nun allein auf, er hat eine eigene Technik entwickelt, er rollt auf die Seite und hilft sich mit einem Arm. Er hat sichtlich Gefallen an der ununterbrochenen Übung. Er kommt mir wie ein kleiner Fisch vor. Wir müssen nun aufpassen, allein auf dem Bett liegen lassen können wir ihn nicht mehr.

August 2010

Schon immer schläft Antonin in unserem Bett. Nicht nur er schläft so besser, sondern auch wir. Er hat zwar seit kurzem auch ein Bett, aber es ist selten, dass er die ganze Nacht darin verbringt. Und sein Bett ist ganz nah an unserem.

Das schockiert manche, die noch nach veralteten Mustern leben. Lange hat man geglaubt, dass das Kind möglichst früh autonom werden muss, dass man die gesunde Abnabelung so schnell wie möglich fördern soll, dass das Kind unbedingt ein eigenes Bett und womöglich ein eigenes Zimmer haben muss. Heute weiß man, dass ein Kind genau das Gegenteil braucht, dass es eines Tages – an einem vom ihm gewählten Tag – ohne Furcht von seinem „Heimathafen" aus, dessen Halt und Sicherheit es unfehlbar immer wieder gespürt hat, in die weite Welt hinausgeht, begleitet von all den Erfahrungen, die es in seinem „Dorf" im Zustand des Vertrauens gesammelt hat.

Für uns ist es anders nicht denkbar.

Für uns ist es undenkbar, ihn weinen zu lassen. Wir gehen nicht von der Idee aus, dass er weint, um uns zu plagen, um uns zu stören, um uns seine Laune zu zeigen. Der gut gemeinte Ratschlag „Lasst ihn mal ausweinen" bringt mich auf die Palme. Wenn Antonin weint, ist etwas nicht in Ordnung. Ich lasse ihn nicht allein damit!

Diese Sommerferien verbringen wir teilweise „in der anderen Welt", bei Menschen, die wir sehr mögen, die uns aber ständig beurteilen und beratschlagen. Das tun wir nicht, warum tun sie es?

Es stört mich nicht, aber ich sehe, dass wir sehr kritisch angeschaut werden, weil einer von uns – wenn nicht beide – immer bei Antonin bleibt, bis er schläft. Wir haben da unsere Gewohnheiten, unsere Rituale, unseren Frieden, und dadurch, durch diese Beständigkeit, schläft er jeden Abend im Vertrauen ein. Manches Mal dauert es zehn Minuten, oft länger, ab und zu kommt einer von uns zu spät zum Abendessen.

Andere Kinder in seinem Alter werden in ihrem Bett gelassen und weinen hinter geschlossener Tür, bis sie vor Erschöpfung einschlafen. Und am nächsten Morgen tauchen die müden Eltern auf und sagen uns: Ihr habt so ein Glück, ein Kind erwischt zu haben, das die ganze Nacht durchschläft!

Der Hirnforscher
und die Denkmuster

Nach einem Briefwechsel und ein paar Telefonaten ist es so weit: Gerald Hüther treffe ich zum ersten Mal persönlich im Juni 2011 in München, im Hotel Mariandl unweit vom Hauptbahnhof. Hüther ist ein renommierter Hirnforscher, der seine Gedanken nicht hinter dem schützenden Mantel der Wissenschaft verstecken will, er hält viele Vorträge und hat keinerlei Berührungsängste.

Das Lebendige kann man nicht machen, sagt er. Die Biologie ist zur Erkenntnis gekommen, dass alle lebenden Prozesse keine programmierten Prozesse sind, sondern dass es sich immer um selbst organisierte Prozesse handelt. Das Leben ist es immer selbst, das sich neu erfindet.

Gerald Hüther sagt, im Laufe seiner Arbeit als Neurologe ist ihm sehr deutlich geworden, wie schnell wir Menschen dazu neigen, uns zu Gefangenen unserer eigenen Vorstellungen zu machen. Sich dagegen zu wehren und sich selbst immer wieder aus den Fängen seiner eigenen inneren Überzeugungen zu lösen, ist deshalb für ihn die größte Herausforderung geworden. Anderen Menschen dabei zu helfen, sich von der Macht ihrer einmal entstandenen Denkmuster zu befreien, ist sein zentrales Anliegen.

Ich habe mir immer wieder seine wunderbaren Vorträge angehört, die in einer sehr raffinierten Dramaturgie verpackt sind. Ebenso seine Bücher gelesen, darunter die Geschichte, wie er über Jugoslawien den sogenannten Ostblock verlassen und dabei den geheimen DDR-Ausreisecode geknackt und seinen Reisepass gefälscht hat, diese Schlauheit und diesen Mut bewundere ich sehr.

Wir mögen uns sofort, was nicht heißt, dass wir uns auch gleich verstehen. Es hat lange gebraucht, bis ich Gerald klarmachen konnte, welcher Film mir da vorschwebt und was seine Rolle darin sein soll.

Es ist nämlich eine große Herausforderung bei dieser Art von Filmen, die richtige Beziehungsstruktur herzustellen. Also Aussagen, Personen und Örtlichkeiten in die richtige Beziehung zu bringen, die ihnen ganz organisch entspricht, und die dann zu guter Letzt an der richtigen Stelle des Films in seiner endgültigen Montage ihren Platz finden.

Wer das beim Drehen nicht mit bedenkt, der wird im Schneideraum mit großen Problemen zu kämpfen haben.

„Ein Kind, das auf die Welt kommt, und das diese wunderbaren Vernetzungen im Gehirn hat, mit denen es alles, aber auch alles auf dieser Welt vorhandene Wissen erwerben könnte, so ein Kind hat ja noch keine Vorstellung davon, worauf es ankommt. Es kann ja noch nicht bewerten, was jetzt gefragt ist. Was wichtig ist.

Am Anfang ist alles gut. Da passt das Hirn genau zum Körper. Dann werden eigene körperliche Erfahrungen gemacht. Das Kind lernt dann draußen krabbeln und greifen und all das, was man

mit dem Körper machen kann. Es lernt seinen Körper immer besser kennen. Es ist dann auch ganz zu Hause in seinem eigenen Körper und macht lauter authentische, mit dem ganzen Leib gemachte Erfahrungen, und dieser Erfahrungsboden, der bildet den Grund für das sogenannte authentische Selbst. Das ist das echte Stück in jedem von uns, denn das haben wir uns selbst erschlossen. Da hat uns noch niemand erzogen.

Und dann kommt man auf Eltern und später auf Erzieher und später auf Freunde und später auf Lehrer, die mögen einen gar nicht so, wie man ist. Die wollen immer, dass man anders ist. Die haben eine bestimmte Vorstellung davon, worauf es ankommt und was man als Dreijähriger lernen soll, und am besten schon mit zwei Jahren die Geige. Auf alle Fälle im Kindergarten drei Fremdsprachen, weil das die Neurowissenschaftler gesagt haben, ins Muttersprachenzentrum da oben, da passen drei Sprachen rein. Vielleicht passen da auch fünf rein, wenn wir uns Mühe geben. Nur, was diese entscheidende Erfahrung ist, die ein Kind macht, das durch solche Fördermaßnahmen hindurchgegangen ist: Die entscheidende Erfahrung ist, wenn ich im Kindergarten Englisch gelehrt bekomme, obwohl ich doch gar kein Englisch brauche, dann heißt die früheste Erfahrung, die Kinder mit Bildungssystemen machen: Das sind Einrichtungen, in denen man Dinge lernen soll, die man überhaupt nicht braucht. Das ist eine gute Vorbereitung.

Deshalb müssen wir über uns nachdenken und über das, was wir mit den Kindern machen. Wie wir diese wunderbaren Selbstorganisationsprozesse, die im kindlichen Hirn ablaufen, in eine Weise und auf eine Weise manipulieren und in eine bestimmte Richtung lenken, die dann am Ende dazu führt, dass ein Mensch, der eigentlich hochbegabt ist, sich nicht mehr traut."
Gerald Hüther

September 2010
Wir sind weiter unterwegs, diesmal wieder in der Schweiz bei Werni. In der großen Mehrzweckhalle des Dorfes geben die Rondolini ein Konzert. Die Rondolini sind ein Ensemble junger Gitarristen, das von Cecilia – Wernis Frau – geleitet wird. Ich bin unterwegs zu einem Vortrag, aber Werni und Pauline zögern nicht, Antonin zum Konzert mitzunehmen. Sein erstes Konzert! Pauline kann nah an der Tür sitzen, falls sie mit ihm schnell weggehen muss. Aber nichts dergleichen geschieht, er erlebt die Musik mit großer Beteiligung und beobachtet das Klatschen mit großem Interesse. Wenn die Musik besonders beschwingt ist, tanzt er so fest mit den Beinen, dass es Pauline schüttelt.

Wir haben für ihn ein großes Laufgitter aus Deutschland kommen lassen. Dort findet man die einzigen, die nicht aus ungesundem Material sind. Wir haben nur den Boden, der „kindgerecht" dekoriert war, mit einfarbigem Linoleum verdecken müssen.
Es gibt viele Menschen, die das Laufgitter als „Gefängnis" empfinden. Sind es die Stäbe, die diese Meinung bewirken. Wir empfinden es ganz anders. Das ist Antonins Reich. Er hat auch beobachtet, dass wir diesen seinen „Raum" nie betreten. Das ist entscheidend.
Darin hat er all seine Spielsachen, und die, die rollen, rollen nicht außer Reichweite. Er kann mit den Stäben spielen, eines Tages wird er sie verwenden, um sich aufzurichten. Und wenn er nicht mehr darin sein möchte, hat er kein Problem, uns das verständlich zu machen. Wir sind immer in der Nähe, er ist im Laufgitter nicht abgesondert!

Oktober 2010
Eines Tages spielt er, wie so oft, auf unserem Bett. Er liegt auf dem Rücken und bewegt alle Glieder immer gezielter, wenn auch ohne „erkennbares" Ziel. Er könnte sich aufsetzen, nach Dingen greifen, aber das tut er nicht oft. Er spielt sehr konzentriert mit der

eigenen Fähigkeit, Glieder zu bewegen, und macht dabei allerlei Geräusche. Heute hat er einmal gepfiffen. Ein Zufall, denken wir zuerst. Aber dieses Pfeifen taucht wieder auf, und Antonin übt es sichtlich. Nach einigen Tagen ist für ihn Pfeifen ein gewollter Klang, den er in sein Spielen einbaut. Manches Mal im Takt mit Klopfbewegungen.

Einige Menschen in unserem Umfeld machen sich Sorgen, weil Antonin nicht läuft. Er ist schwer und sehr groß. Er krabbelt nicht wirklich. Wir machen uns keine Sorgen und vor allem gar nichts von all dem, was uns empfohlen wird, um ihn zum Laufen zu motivieren. Erst wenn ich einen Erwachsenen auf der Straße antreffe, der auf allen vieren geht, weil er als Baby nicht zum Laufen animiert worden ist, mache ich mir Sorgen und greife ein!

Papa und Antonin spielen stundenlang zusammen. Das sind Bilder meiner Kindheit, als Papa mit Eléonore spielte. Niemand kennt die Wichtigkeit der Wiederholung besser als er. Dasselbe Spiel, tausendmal.
Mit einem Kind spielen ist für ihn eine wichtige Beschäftigung, er beteiligt sich nicht nebenbei, er widmet sich dem Spiel ganz und ist dabei sehr erfinderisch. Ich stelle fest, dass wir eine lange Zeit als Erwachsene unterwegs waren, und dass ich seit Jahrzehnten meinen Papa nicht mehr spielend erlebt habe. Er knüpft aber nahtlos an, spielt mit derselben Frische und Authentizität wie damals. Er und das Kind sind auf gleicher Augenhöhe, teilen dieselbe Zeitlosigkeit. Ihr Lieblingsspielzeug ist im Moment eine Art „Armaturenbrett" aus Holz mit verschiedenen Rädern und Türen. Hinter zwei kleinen Türen, die zu öffnen eine ganze Arbeit ist, liegt ein kleiner Spiegel. Sie sind beide konzentriert über das Spielzeug gebeugt, kommentieren die Versuche auf ihre Weise, und wenn Antonin es geschafft hat, mit beiden Händen die Klappen geöffnet zu halten und sich im Spiegel zu erblicken, sprudelt es dort vor Freude und Zusammengehörigkeit. Sie spielen

dieses Spiel manches Mal eine ganze Stunde. Sie werden nicht müde. Und jeden Tag schafft es Antonin präziser und schneller, die beiden Türchen aufzubekommen.

Dezember 2010
Seit einigen Tagen schiebt er alles, was für ihn nach Auto aussieht, und macht dabei das typische Motorengeräusch. So früh hatte ich das nicht erwartet! Oder doch?! Maman packt die Holz-Autos und -Autobusse aus, die ich als Kind hatte. Ich erkenne sie sofort, mit all den Ausschmückungen, die ich angebracht hatte (Kleber mit den Lichtern, Armaturenbrettern etc.). Er spielt sehr gern damit, aber ihm genügen auch ganz einfache, für uns nicht wie ein Auto aussehende Gegenstände. Er liegt am liebsten auf der Seite und fährt damit ganz nah an seinem Gesicht hin und her. Dasselbe macht er mit dem großen Holz-Traktor, den wir ihm zu seinem ersten Geburtstag geschenkt haben. Er könnte darauf sitzen und fahren, will aber daneben liegen und die Bewegung der Räder vor seinen Augen ganz genau beobachten. Und er summt wirklich stundenlang die Musik des Motors vor sich hin.

Januar 2011
Wir sind zu Wernis Geburtstag in Tamins eingeladen. In der Werkstatt will Antonin nun nach Dingen greifen. Werni baut für ihn ein paar Bauklötze aus Olivenholz. Ein wunderbares Bild, wie Antonin sie empfängt, ganz körperlich erfreut, nah an Wernis Gesicht. Die beiden sind in einer Blase von Aufmerksamkeit und Beziehung. Sobald Antonin die fünf Klötze auf dem Tischchen seines Hochstuhls hat, nimmt er den längeren, legt den Kopf schief und schiebt das Holzstück mit Autogeräusch hin und her … Später in der Woche sind wir in Zürich in einem Fernsehstudio. Ich bin dort Gast, aber wir werden als Familie empfangen. Nach dem Vorgespräch macht sich Pauline bereit, mit Antonin wieder ins Hotel zu gehen. „Bleiben Sie doch", wird ihr gesagt! Ich glaube, nur wenige Menschen hätten gedacht, dass ein kleines

Kind in einer solchen Umgebung willkommen ist. Es ist ein ganz besonderes Gefühl, ich bin diesem Team dankbar für seine warmherzige Offenheit. Sie haben sofort gespürt, dass Antonin nicht stören wird.

Wenn ich denke, dass viele Menschen die Befürchtung hegen, ein Kind, das nicht in die Schule geht, bleibt zu Hause eingesperrt und macht keine Erfahrungen in der Außenwelt! Während der ganzen Vorbereitung und nach der Aufnahme ist Antonin dabei. Er erlebt alles: die Lichter, die Techniker, die Kameras, die Tests, die Kabel und vor allem die vielen Menschen. Er bleibt in Paulines Armen und verfolgt das ganze Geschehen mit runden Augen. Alle Anwesenden nehmen ihn wie selbstverständlich wahr, einige kommen immer wieder vorbei, um mit ihm zu sprechen.

12. Februar 2011

An diesem Tag passiert etwas, wonach ich mich seit Jahren sehne: Mein Papa lässt meinen Sohn zum ersten Mal zeichnen. Er sitzt ihm gegenüber und hält das Blatt Papier auf dem Tischchen. Er hat Antonin einen Bleistift gegeben und nur darauf geachtet, dass er ihn einigermaßen gut in der Hand hält. Den Rest des Spiels hat Antonin sofort verstanden. Nach ein paar Spuren ist er müde und will nicht mehr.

Aber sie spielen das Spiel jeden Tag wieder, und jeden Tag dauert es länger. Auch dieses Ritual ist entstanden.

Ranking und Profit

Die OECD hat in den neunziger Jahren Bildung als Wirtschaftsfaktor und Geschäftsmodell auf ihre Agenda gesetzt. Um den Bildungswettbewerb anzukurbeln, wurde der PISA-Test entwickelt.

Andreas Schleicher, OECD-PISA-Chefkoordinator und Entwickler von PISA, erklärt das von ihm erfundene Programm: „PISA (Programme for International Student Assessment) bewertet die Leistungsfähigkeit der Bildungssysteme im internationalen Vergleich, die Qualität der Bildungsleistung, die Effizienz der Bildungsleistung, aber auch die Chancengerechtigkeit im Bildungssystem."

Die OECD lässt PISA-Studien seit dem Jahr 2000 alle drei Jahre durchführen. Untersucht werden die Leistungen von fünfzehnjährigen Schülerinnen und Schülern sowie deren Lernmotivation, ihre Selbsteinschätzung und ihre Lernstrategien.

Diese transnational angelegten Testvorhaben sind ein Riesengeschäft für Bildungsdienstleister, großteils private Unternehmen, die PISA mittlerweile an 67 Länder verkauft haben. Das Auftragsvolumen für einen internationalen PISA-Durchgang liegt im dreistelligen Millionenbereich.

Neuerdings wurde auch PISA für Erwachsene entwickelt, das sogenannte PIAAC (Programme for the International Assessment of Adult Competencies). 24 Länder, darunter auch Österreich, haben daran teilgenommen.

Die profitable Testindustrie hat sich einen weiteren Erwerbszweig erschlossen.

„Erschütternder als die Ergebnisse von PISA ist die Gläubigkeit, mit der Rankings angebetet werden", schreibt Konrad Paul Liessmann in seiner „Theorie der Unbildung", und weiter: „Rankings fungieren als ziemlich primitive, aber höchst wirksame Steuerungs- und Kontrollmaßnahmen, die dem Bildungsbereich noch das letzte Quentchen Freiheit austreiben sollen, das ihm als Relikt humanistischer Ideale geblieben ist."

PISA-Kritiker wie der deutsche Soziologe Richard Münch werfen dem PISA-Programm vor, Bildung in Humankapital umzuwandeln: „Unter dem Regime von PISA wird die Gesellschaft zu einer Art globaler Besserungsanstalt, die auf dem Weg des lebenslangen Lernens dafür sorgt, dass niemand ausfällt, der oder die im internationalen Wettbewerb gebraucht wird."

Die Testindustrie und damit verbundene Bildungsstandards sind in den USA schon seit Jahrzehnten etabliert, und das amerikanische Beispiel zeigt deutlich, dass gesetzlich verankerte Bildungsprogramme wie „No Child Left Behind" die Situation viel schlimmer gemacht haben, als sie je zuvor gewesen war. Warum? Das, was nicht getestet wurde, wurde nicht mehr unterrichtet. So fielen die angeblich belanglosen Unterrichtsfächer wie Kunst, Sport, Fremdsprachen, Musik oder auch Geschichte schnell aus den Lehrplänen. Schulen, die schlechte Rankings hatten, wurden sanktioniert oder geschlossen. Manager privater Firmen übernahmen die Schulleiterposten, Schulen wurden wie Unternehmen geführt und kassierten Milliarden öffentlicher Fördergelder. Mit welchem Effekt? Private Firmen verdienten riesige Summen, manche von ihnen so enorm, dass sie an die Börse gingen, die Drop-out-Rate der Schüler erhöhte sich dramatisch, die Bildungskluft zwischen Arm und Reich vergrößerte sich beständig.

Fazit: Ein gutes Geschäft garantiert keine gute Bildung. Soziale Systeme wie das der Bildung können nicht gewinnbringend wie Unternehmen geführt werden, außer man akzeptiert, dass der soziale Faktor gänzlich verloren geht. Die öffentliche Ausbildung sollte ja Gleichheit vor Augen haben; private, profitorientierte Schulen sind dazu nicht in der Lage.

Ganz automatisch wirken Tests und Bildungsstandards normierend, gefördert wird das Lernen für die Tests, der Unterricht verändert sich, die freie Diskussion und Spielräume gehen verloren und natürlich auch die Kreativität. Alles konzentriert sich auf das Training für Tests und Prüfungen. Bildungsstandards reduzieren Lerninhalte.

Das zeigen derlei Versuche zuhauf, wenn man sie längerfristig beobachtet. Schüler erwerben eine gewisse Testintelligenz, vordergründig wird repetitives Lernen geübt. Rankings richten an Schulen großen Schaden an. Legitimiert werden sie mit Argumenten der Wirtschaftlichkeit, das Leben wird wie so oft nur mehr ökonomisch gedacht.

Sir Ken Robinson weist in seinem Buch „The Element" darauf hin, dass die beiden Säulen der Aufklärung – die Logik und der Beweis – zur Grundlage der intellektuellen Revolution erkoren wurden, die den Horizont und die Leistungen der westlichen Welt verwandelte.

„Unter wahrer Intelligenz verstehen wir vor allem das logische Analysieren: Wir glauben, rationale Formen des Denkens wären dem Spüren und Fühlen überlegen, und die Ideen, die wirklich zählen, ließen sich durch Worte oder mathematische Formeln ausdrücken. Und wir haben geglaubt, wir könnten Intelligenz quantifizieren und auf Messwerte reduzieren, um herauszufinden, wer von uns wirklich intelligent ist und entsprechende Förderung verdient."

Nicht zuletzt hat diese Denkrichtung des Messens, Analysierens und Quantifizierens zur Eugenik-Bewegung in der ersten Hälfte des 20. Jahrhunderts geführt; Sir Ken Robinson: „Dass solche Gesetze überhaupt existieren konnten, zeigt auf erschreckende Weise, wie gefährlich standardisierte Tests zur Berechnung der Intelligenz und des menschlichen Leistungsvermögens sein können."

Die amerikanische Erfahrung sollte uns lehren, dass Rankings nur eine Pseudoobjektivität vorgaukeln, allerdings hochwirksam sind, da sie einen glauben machen, es würden Leistungen evaluiert und Wahrheiten ans Licht gebracht. Tatsächlich sind all diese Tests und Rankings ein Marketinginstrument, die kurzfristige Wirtschaftsinteressen verfolgen und nichts über die Qualität von Bildung aussagen. Rankings sind ein Instrument des Wettbewerbs, doch muss es in der Bildung Sieger und Verlierer geben?

Forscher haben mehrfach nachgewiesen, dass Rankings im Bildungsbereich und auch in vielen anderen Bereichen soziale Ungleichheit verschärfen. Sie sind inszenierte Wettbewerbe, die längerfristig völlig kontraproduktiv wirken. Zugunsten der Lesbarkeit von Ergebnissen werden unzulässige Vereinfachungen gemacht, komplexe Prozesse auf wenige messbare Kriterien reduziert. Rankings geben vor, Transparenz und Objektivität zu vermitteln, was ihnen schlichtweg nicht möglich ist.

„Ich habe kürzlich mit einem Erziehungswissenschaftler aus Shanghai gesprochen. Dort sind sie uns ja in den PISA-Tests Dimensionen voraus, die Schüler. Und er hat mir erzählt, dass es eben in China eine Tradition gibt, und die ist offenbar jahrtausendealt, und diese Tradition besteht darin, dass dort die Kinder ihre Eltern auf eine Art und Weise achten, wofür wir überhaupt kein Wort haben. Der hat das Pietät genannt. Aber ich glaube, das liegt wohl daran, dass der auch nicht wusste, wie das in unserer Sprache heißt. Ich habe selbst kein Wort, aber nennen wir's vielleicht mal Ehrfurcht. So, die sind ehrfürchtig gegenüber ihren Eltern und versuchen alles zu tun, was den Eltern guttut. Und die Eltern sind wieder ehrfürchtig gegenüber dem Landesfürsten, und die Landesfürsten wieder gegenüber dem Kaiser, oder damals eine Zeit lang gegenüber Mao. Und so entsteht eine Ehrfurchtskultur, und in dieser Ehrfurchtskultur kommen jetzt Europäer und führen PISA-Wettbewerbe ein mit dem Ergebnis, dass die Eltern, weil die ja auch wissen, das ist eine Leistungs- und Konkurrenzgesellschaft, in der sie nun gelandet sind, sich nichts mehr wünschen, als dass ihr Kind bei diesen Leistungen optimal ab-

schneidet. Und deshalb leuchten die Augen der Eltern immer dann, wenn das Kind in der Schule etwas Besonderes leistet. Und die Eltern brauchen ihre Kinder gar nicht anzutreiben, sondern die Kinder lernen aus eigenem Antrieb wie die Bescheuerten Tag und Nacht. Weil sie ihre Eltern glücklich machen wollen. Und wenn man so arbeitet von Anfang an, damit man seine Eltern glücklich macht, dann lernt man dabei zwangsläufig auch unendlich viel Mathe. Und mit diesen vielen Kenntnissen macht man dann auch einen guten PISA-Test und später ein gutes Abitur. Das Problem ist, dass diese Kinder, die das tun, sich dafür, dass sie es tun, selber nicht mehr leiden können. Das heißt, die ersten springen von den Brücken. Das sind noch diejenigen, die die Schuld bei sich suchen. Jetzt kommen aber die ersten Kinder, die merken, dass ihnen das angetan wird und sie sich nicht dagegen wehren können. Und die haben noch so viel Kraft, und es könnte sein, dass die immer stärker werden. Die gehen nicht in die Flucht, sondern die gehen in den Angriff, und jetzt sind die ersten Eltern dort nachts von ihren Kindern erstochen worden. Das ist das, was rauskommt, wenn man PISA auf die Spitze treibt."

Gerald Hüther

März 2011

Maman kommt nach Hause mit einem großen Lastwagen aus Holz. „Ich konnte dem nicht widerstehen!", sagt sie.

Tatsächlich wissen wir wegen des Traktors, dass Antonin auf solchen Fahrzeugen nicht gern sitzt, sondern lieber daneben liegt und sie schiebt. Aber dieser Lastwagen ist mit Holz-Werkzeugen ausgestattet, die mich sehr an meine ersten Werkzeuge erinnern. Da entwickeln Papa und Antonin neue Rituale, neue Spiele, die sie täglich spielen. Papa hält die Nägel, Antonin hämmert, dann drehen sie die Platte mit den Löchern und schieben die Nägel wieder heraus. Weil die Löcher etwas zu groß sind, würden die Nägel auch ohne Hämmern hineingehen, also schiebt Papa Papierfetzen dazwischen, damit sie, wie richtige Nägel, einige Hammerschläge brauchen, bis sie ganz drin sind …

Zum ersten Mal greift Antonin nach meiner Gitarre. Er sitzt auf dem Bett, ich ihm gegenüber auf einem Stuhl, die Gitarre genau auf seiner Höhe. Ich spiele ein wenig, er ist ganz nah, beobachtet. Schon immer erlebt er mich beim Spielen. Aber heute hebt er die kleinen Hände und berührt die Saiten. Zuerst zögert er,

aber bald hat er die Bewegung herausgefunden, die es ihm ermöglicht, mit beiden Händen alle sieben Saiten in einem ganz regelmäßigen Takt zum Klingen zu bringen. Das tut er begeistert, kräftig, aber niemals heftig. Ich mache mir überhaupt keine Sorgen um die teure Konzertgitarre. Irgendwann hat er ganz rote Finger und muss aufhören.

In Le Pas ist er von den ersten Frühlingsblumen fasziniert, vor allem wenn sie am Morgen ein paar Tautropfen tragen. Wir gehen jeden Morgen spazieren, er sitzt in der Babytrage, sodass er bei den noch ganz jungen Bäumen im Obstgarten genau auf der richtigen Höhe ist, um nach den Blüten auf den Zweigen zu greifen. Ganz zart, ganz konzentriert. Wenn er sie loslässt und sie abtropfen, lacht er.

Eines Morgens finden wir ihn tanzend im Laufgitter, er hat herausgefunden, wie er die Stäbe benutzen kann, um sich aufzurichten! Er hält sich mit beiden Händen kräftig am Geländer und federt beschwingt mit den Beinen. Das Spiel ist ermüdend, aber so amüsant, dass er immer wieder von vorn beginnt. Ich sehe, dass

Antonin die Etappe „Krabbeln" überspringen und irgendwann einfach laufen wird ... Geschieht denjenigen mit ihren Tabellen und Sorgen ganz recht!

Felix, unser Kater, kommt, wie jeden Morgen, ans Fenster und wartet draußen auf das Frühstück. Antonin, wie jeden Morgen, schaut Felix an, aber heute zeigt er auf ihn mit dem Finger und sagt: „Ssschat!" *Chat.* Katze. Sein erstes Wort!

Ende März bin ich mit Pauline in Wien zu einem großen Anlass eingeladen. Antonin bleibt bei Eléonore, Maman und Papa. Wir haben alles vorbereitet, das ist das allererste Mal, dass wir ohne ihn reisen, dass er fast drei Tage und zwei ganze Nächte ohne einen von uns verbringen wird ... Anfangs sind wir nicht wirklich entspannt, aber es stellt sich heraus, dass er in der vertrauten Umgebung nicht verwirrt ist. Am Freitag treffen Pauline und ich Sabine und Erwin im Café Hawelka. Wir sind zum ersten Mal in dieser Konstellation und dieser Moment kerbt sich besonders in uns ein, weil der Startschuss von „alphabet" geschossen wird.

April 2011
Der Staubsaugerroboter gefällt ihm gut, aber macht ihm auch ein wenig Angst. Wenn er ihn laufen sehen will, hat er eine neue Lösung gefunden: Er nimmt einen Finger von uns und schiebt ihn in Richtung Knopf. Dass er uns packt, um von uns Dinge erledigen zu lassen, die er sich wünscht, ist ganz neu. Er zögert nicht, und die von ihm erstrebte Handlung ist immer eindeutig.
Neulich war es besonders berührend und bedeutend. Wir lagen alle drei im großen Bett. Er zwischen uns. Er lutschte den linken Daumen, aber mit der freien rechten Hand nahm er meine und legte sie auf Paulines Schulter. Sobald er sah, dass meine Hand nicht mehr auf Paulines Schulter lag, nahm er sie wieder und legte sie wieder dorthin. Das macht er seitdem jedes Mal. Diesen tiefen Bund will er nicht nur spüren, er will ihn auch sehen. Er braucht diese sichtliche Union seiner Eltern.

In der Nacht ertönt seine hohe Stimme: „Papa?"
Ich werde sofort wach, setze mich automatisch auf: „Ja?"
Doch erst nach ein paar Sekunden wird mir klar: Das ist das erste Mal. Das allererste Mal, dass ich von meinem Kind Papa genannt werde. Und das ist das zweite Wort, das er benutzt.

Seit einigen Tagen nimmt Antonin alle Kleider, Tücher etc., die ihm in die Hände kommen, und lässt sie dicht vor seinem Gesicht sich drehen. Beziehungsweise macht seine Hand eine runde Bewegung, aber da er den Stoffgegenstand an einem Ende hält, dreht sich dieser erst rund, wenn Antonin eine ausreichend schnelle Bewegung macht. Und die macht er auch, aber nicht immer.
Wir haben zuerst nicht verstanden, was er „sucht". Sein Spiel ist immer sicherer geworden, und bei genauer Betrachtung ist es uns dann klar geworden ... Jetzt macht er dabei auch verschiedene Geräusche. Tief und stockend, wenn er langsam dreht – dabei beobachtet er jede Bewegung des Stoffes –, oder hoch und laut, wenn er schnell wirbelt.

Die Waschmaschine! Er sitzt auch immer wieder davor und schaut konzentriert zu, wie ein Waschvorgang geht.

Am liebsten hat er das Spiel im Bad. Wir geben ihm ein kleines Handtuch und er dreht es im Wasser mit allen denkbaren Geschwindigkeiten, Rhythmen und Geräuschen. Das Schleudern verlangt von ihm einen Ganzkörpereinsatz, weil er so schnell drehen und so laut sein muss. Dieses Spiel wird Antonin viele Monate begleiten; und irgendwann wird es spurlos verschwunden sein.

Wir sind auf Besuch. Antonin spielt seit einer ganzen Stunde mit einem alten Holzfahrzeug. Sieht aus wie ein Motorrad, ist aber eher als Traktor gedacht. Für Antonin ist es eindeutig ein Motorrad, denn er macht dazu das typische Geräusch. Er sitzt darauf, fährt sehr langsam, und nur eine kurze Strecke. Dann fährt er sie rückwärts, mit derselben Langsamkeit, derselben Aufmerksamkeit, derselben Ausdauer. Es ist erstaunlich, wie präzise und geschickt er alle Nuancen des Motorengeräuschs nachahmt und in seinem Spiel einsetzt: hohe Drehzahl, niedrigere, Leerlauf, Schalten. Er ist ganz in seiner Welt. Ganz Motor, Räder, Straße.

Rundherum sind die Leute zuerst erstaunt, dann amüsiert.
Aber nach einer Stunde bittet ihn eine der anwesenden Personen „aufzuhören, denn das ist jetzt zu viel Lärm".
Wir sind es so zärtlich gewohnt, dass irgendwo im Haus – logischerweise oft da, wo wir uns gerade aufhalten, weil das Kind ja selten in einem anderen Raum sein möchte als seine Referenzpersonen – Antonins Motorengeräusche den ganzen Tag zu hören sind, dass wir gar nicht daran denken, dass es andere stören oder ermüden könnte …

Zu Hause sitzt Antonin vor der Waschmaschine. Er bleibt manches Mal die ganzen anderthalb Stunden davor. Und er schaut nicht ins Leere, er beobachtet sehr aufmerksam jeden Vorgang. Die Bewegungen der zuerst trockenen und dann nassen Wäsche, das Einlassen des Wassers, die Bildung des Schaums … Wenn er das besondere Geräusch hört, das entsteht, wenn das Wasser eingelassen wird, steht er auf und öffnet die kleine Waschmittelschublade, um sich das genau anzuschauen. Er hat noch nicht genug Kraft, um mit umgedrehter Hand zu greifen und zu ziehen, aber er hat herausgefunden, dass er die Schublade mit dem Rücken der Finger aufbekommt.
„Glü", sagt er, wenn das Wasser fließt.
Weil wir mit ihm leben, wissen wir, dass für ihn das Wort „Glü" dem gar nicht ähnlich klingenden Wort „Eau" entspricht: Wasser. Er weiß zweifelsohne, es kann ihm gar nicht entgehen, er hört es ja, dass *wir* gar nicht „Glü" zum Wasser sagen. Er würde es auch nicht verstehen, würden wir „Glü" sagen, er erwartet von uns, dass wir das Wort „Wasser" verwenden. Er kann alle Geräusche der Waschmaschine imitieren, er könnte mit gleicher Genauigkeit „Wasser" nachsagen – zumal es auf Französisch genau dem Einzelton „O" entspricht –, er tut es aber nicht. Und wir gehen nicht davon aus, *dass er es noch nicht besser kann*, dass er unserer Berichtigung bedarf. Wir maßen uns nicht an, in seinen Prozess einzugreifen. Wir wissen, dass er gerade in einer vollgültigen

Phase seiner Entwicklung und Erforschung steht, und diese interessiert uns.

Jeder natürliche Prozess, in den man eingreift, dessen Kurs man zu ändern versucht, bricht ab. Es ist unmöglich, natürliche Vorgänge zu beschleunigen, ohne ihr Ende zu verursachen. An der Raupe zu ziehen lässt sie nicht schneller wachsen; es tötet sie.

Das Spiel und die Spur

Es wirkt vielversprechend, auch noch das letzte kleine Dorf hinter uns zu lassen und einen schmalen Feldweg entlang ein entlegenes einzelnes Gehöft anzusteuern: Le Pas, der Stein für Stein neu aufgebaute Landsitz der Familie Stern, rund 350 Kilometer südwestlich von Paris gelegen, erworben, als der verlassene Hof dem Verfall preisgegeben war. Jetzt ein blühendes Anwesen mit üppigen Gärten, Wäldern und Feldern, eine Oase inmitten einer Wüste der von intensiver Landwirtschaft ausgemergelten Böden.

Wir werden zum Abendessen erwartet; das gemeinsame Essen ist ein wichtiger Bestandteil im Leben der Familie, ein Ritual, das die vielfältigen Tätigkeiten aller in einen strukturierenden Rahmen bringt. Dazwischen Gärtnern, Schreiben, Archivieren der unzähligen im Malort von Arno Stern in Paris entstandenen Bilder, Kochen, Vortragsreisen planen, mit Antonin spielen. Letzteres geschieht ganz selbstverständlich, wie nebenbei und doch

mit großer Präsenz: Großvater Arno Stern spielt mit seinem Enkelsohn mit Klötzchen, später fährt die Großmutter Michèle den Kleinen in einer Schubkarre spazieren. Was völlig fehlt, sind die typischen Kinderspielzeuge und Kleinkindunterhaltungsklimbim. Nein, sie fehlen nicht! Sie sind nicht da, weil niemand sie braucht! Das Kind, achtzehn Monate jung, nimmt an allem teil, was rundum geschieht. Es spielt mit Alltagsgegenständen, die in Reichweite sind, und es liebt anscheinend Fahrzeuge. Verschiedenste Klötzchen werden hin und her geschoben und dazu das kindliche bwww … den Motor nachahmend. All das wird von den Erwachsenen liebevoll zur Kenntnis genommen, nie kommentiert oder gar unterbrochen, es sei denn zu Essens- oder Schlafenszeiten. Die braucht der Kleine und fügt sich auch problemlos darin ein.

Arno Stern

*"People do their best when they do the thing they love, when they are in their element.
The evidence is absolutely persuasive, when people connect to this powerful sense of talent in themselves, discover what it is they can do, they become somebody else."*
Sir Ken Robinson

Arno Stern ist nahezu neunzig Jahre alt, wirkt aber um zwanzig Jahre jünger. Er ist der Erfinder des Malorts, einer einfachen Einrichtung mit vier Wänden zum Aufbringen der Blätter und einem Palettentisch mit achtzehn Farben in der Mitte. Sonst hat er nichts erfunden, keine Theorie entwickelt und keine Methode; er hat einfach die Menschen malen lassen und dabei allerlei Entdeckungen gemacht, eine ganz neue Forschung daraus entwickelt.

Um die Universalität des von ihm Entdeckten nachzuweisen, hat er viele Reisen in ferne Länder unternommen: Menschen in Paris, Nomaden in der afrikanischen Wüste oder Urwaldbewohner zeichnen ausnahmslos dieselben Gebilde, obwohl weder ihre Hautfarbe noch ihre Kultur oder ihre Umgebung die geringste Ähnlichkeit haben.

Diese Entdeckung zeigt, dass alle Menschen, wenn sie zeichnen oder malen, ungeachtet von Alter und Wohnort Zugang zum genau gleichen Fundament finden – vorausgesetzt, sie werden vor fremden Einflüssen geschützt und – in unseren Breitengraden – von der Gewohnheit befreit, die gezeichnete Spur mit Kunst zu verwechseln. Dieses Fundament, das Arno Stern „die Formulation" nennt, besteht aus siebzig „Zeichen", die er in sechzig Jahren entdeckt und studiert hat.

„Wenn ein Kind in die Schule geht, dann wird es in eine Gattung mit Gleichaltrigen eingereiht, das heißt mit Vergleichbaren.

Was heißt es, der Beste zu sein? Das heißt, andere zu übertreffen, dass es einen Gewinner, einen Sieger gibt, dann gibt es auch Verlierer und das ist für mich ein unannehmbarer Begriff. Für mich gibt es keine Konkurrenz, kein Konkurrenzdenken. Das gibt es im Malspiel überhaupt nicht.

Man kann sich hier gar nicht vergleichen. Ein fünfzigjähriger und ein fünfjähriger Mensch sind ja gar nicht vergleichbar. Es würde niemandem in den Sinn kommen, etwas wie der andere zu machen oder besser als der andere. Der Gedanke würde gar nie aufkommen: Ich kann es nicht so gut wie ein anderer, oder der andere kann es besser als ich. Das sind schulische Begriffe, das sind künstliche Gedanken, die es im Malspiel überhaupt nicht gibt.

Und wenn ein Kind nun jahrelang in den Malort kommt, dann verändert sich das Kind. Die Eltern melden mir das auch, sagen oft, das Kind habe sich verändert durch das Malspiel. Das ist ganz selbstverständlich für mich, dass das Kind sich verändert.

Was verändert sich im Kind? Ja, seine Einstellung den anderen gegenüber! Denn was geschieht im Malspiel? Das Kind erlebt sich als Person, mit anderen Worten, es stärkt seine Persönlichkeit, es kann seiner Persönlichkeit einen Ausdruck, eine riesengroße nie zuvor erprobte Dimension geben, indem es zum Beispiel ein ganz großes Bild anfertigt. Etwas, woran es nie gedacht hätte, wozu es sich nie fähig gefühlt hätte. Und wenn es das erlebt, dann ist es nicht auf Kosten anderer, sondern neben den anderen, im Beisein der anderen. Jeder erlebt sich selbst inmitten der anderen. Und das ist natürlich etwas sehr Wichtiges für eine Gesellschaft, dass man das erlebt hat.

Man kann sich gut vorstellen, dass die Gesellschaft, die zukünftige Gesellschaft, auf diese Weise leben wird. Nämlich ohne Konkurrenzdenken und ohne Abhängigkeit."

In seinem mehr als 500.000 Bilder umfassenden Archiv zeigt uns Arno Stern, der sich selbst als Dienender im Malort bezeichnet, Zeichnungen aus den siebziger Jahren und führt uns richtige Spielplätze vor Augen: Ein Blatt war damals für die Kinder eine ganze Welt, die vor Spielen, Abenteuern und Zeichen der Formu-

lation nur so wimmelte ... Heute malen Kinder angelernte geometrische Farbmuster und fragen gelangweilt, was sie malen sollen. Lustlose Pflichterfüller eben. Diese Verwüstung, die mit derjenigen der Umwelt zu vergleichen ist, fand im selben Zeitraum statt, seit ca. 1980. Dafür besitzt Arno Stern den traurigen, einfachen Beweis. Vor vierzig Jahren konnte er die Formulation entdecken, weil sie sich direkt vor seinen Augen abspielte. Er musste nur beobachten, um anhand der Fülle an Wiederholungen Phänomene zu erkennen und zu verstehen. Heute dauert der mühsame Prozess, bis ein Kind zu seiner Spontaneität zurückfindet, so lang, dass die damalige Entdeckung wahrscheinlich nicht mehr möglich wäre, genauso wie für einen Botaniker keine Erkundung mehr möglich ist, wo nichts mehr blüht.

„I believe that there is a parallel climate crisis, a global crisis in human resources. I believe that the parallel with the crisis in the natural world is exact. And the costs of clearing this up are catastrophic." Sir Ken Robinson

Sobald man in den Malort kommt, spielen Größe, Herkunft, Alter keine Rolle mehr. Hier ist jeder ein malendes Kind, denn keiner, ob dreijährig oder neunzigjährig, wird anders behandelt. Es gibt hier niemanden, der zuschaut, urteilt oder klassifiziert. Alle erleben dieselbe Bedienung durch Arno Stern, hier erlebt jeder das Kollektive (der Malort, der Palettentisch sind Orte des gemeinsamen Spiels) und das Individuelle (das Blatt Papier, auf dem jeder sich eine Welt nach Maß anlegt), hier erlebt jeder im Gleichgewicht Spielregeln und bedingungslose Freiheit. Hier malen Kinder auf hohen Leitern stehend riesige, aus unzähligen Blättern zusammengesetzte Bilder und vergessen die Grenzen, die ihnen überall sonst gesetzt werden.

„Man hat die Tätigkeiten der Kinder so eingerichtet, dass es Hauptbeschäftigungen und Nebenbeschäftigungen gibt. Ein Kind

soll erst mal seine Aufgaben machen und wenn es noch Zeit hat, dann darf es noch ein bisschen spielen. Ich gehe davon aus, dass Spielen lebenswichtig ist und ich würde noch weiter gehen und sagen, Kinder sollen nicht belehrt werden, das Leben der Kinder sollte darin bestehen, in den Malort zu gehen, das Malspiel zu erleben und tanzen zu dürfen. Nicht klassisches Ballett natürlich, das soll es nicht sein, aber eben einen anderen Tanz, der ebenfalls so geschieht wie das Malspiel, und als weiteres Spiel mit Tönen musizieren. Wenn Kinder das tun dürfen, wenn das zu einer Hauptrolle in ihrem Leben wird, dann geschieht alles andere von selbst. Was man heute als Hauptfächer betrachtet, das sollten gar keine Fächer sein, das geschieht als Ergänzung zu dem, was das Kind im Spiel erlebt."

Die Frage nach der Disziplin, von der man annimmt, dass sie außerhalb des Schulrahmens fehlt, amüsiert mich sehr. Lernen geschieht durch das Interesse, das man für Dinge empfindet, Selbstdisziplin entsteht aus der Freude, die man daran hat, diese Dinge zu tun.

Disziplin bedeutet für viele ein System, welches das Kind gewissermaßen zum Üben oder Lernen zwingt – als ob Strukturen einen Rahmen darstellen würden, den man von außen übergestülpt bekommt. Mit dem Resultat, dass das Kind denkt: Wenn ich mich überwinde, obwohl ich keine Freude habe, kriege ich eine Belohnung, woran ich Freude habe.

Dabei kommt natürliche Disziplin überhaupt nicht von außen, sondern von innen, und sie beruht auf Freude, worin sie wurzelt und woraus sie ohne Zwang fließt.

Eine eindrückliche Illustration hierzu liefert die Beziehung von Antonin zur „Zauberflöte" von Mozart. Weil er Glockenklänge unmissverständlich sehr mag, hatte Pauline die Idee, ihn die Glockenspiel-Passage bei Monostatos in der „Zauberflöte" hören zu lassen. Das hatte er sofort sehr gern und wollte es gleich noch mal hören.

Wir hatten davon ein Video, und wir zeigten ihm denselben Abschnitt. Sobald die Glocken aufhörten, wurde er leicht unruhig. Aber dann bemerkte er, dass einige Minuten danach etwas Neues kam, das ihn sehr interessierte, nämlich als Tiere verkleidete Menschen. Also blieb er beim nächsten Mal ganz ruhig sitzen, weil er wusste: Wenn ich ein wenig bleibe, kommt nach den Glocken wieder etwas, das ich sehen mag. Wir haben ihm nie gesagt, er soll sitzen bleiben, er hat das nicht als System erlebt, er erfährt ganz einfach auf eigene Weise den „Nutzen" von Selbstdisziplin.

Und das geht weiter. Die Neugier kommt dazu: Und was kommt, wenn ich noch zwei Minuten sitzen bleibe? Bald waren es zwanzig Minuten „Zauberflöte" und er drehte sich immer wieder zu uns, um seine Begeisterung, seine Beteiligung mit uns zu teilen.

Wir waren immer da, und es war für ihn eine ernste Beschäftigung, nicht etwas, das man tut, weil es sonst nichts Besseres zu tun gibt und man allein gelassen wird.
Es wurde bald zu einer seiner Gewohnheiten, jeden Tag die ganzen zwei Stunden der „Zauberflöte" anzusehen und anzuhören. Mit anderthalb Jahren bedeutet das eine unheimliche Disziplin. Aber eine natürliche, spontane, persönliche Disziplin. Keine erlernte, keine, die als Folge einer Verhandlung mit Erwachsenen entsteht.

11. April 2011
Wir gehen in den Laden, in dem wir all meine Kinderschuhe gekauft haben. Das Geschäft hat sich in den letzten dreißig Jahren kaum verändert. Beim Eingang steht immer noch das Schaukelpferd aus wunderschönem Naturholz.
Ich kriege immer einen Luftballon.
Wir suchen Schuhe für Antonin aus. Seine ersten „richtigen" Schuhe.
Er läuft weiterhin nicht – die Sorge der ohnehin schon Besorgten ist gestiegen, er ist ja bald sechzehn Monate alt!
Wir haben ein Paar Schuhe gefunden, das ihm gut steht. Maman ist in Le Pas via Handy-Webcam beteiligt. Ich trage ihn bis zum Spiegel und stelle ihn davor ab, damit er die Schuhe sehen kann. Vor dem Spiegel bleibt er stehen – wie im Laufgitter, er hält sich an meinen Händen. Er schaut die Schuhe aufmerksam an.
Und dann läuft er den Gang herunter. Einen Fuß – besser, einen Schuh, denn das ist das Spiel – nach dem anderen. Er läuft, er hält sich an meinen beiden Händen und läuft, als ob es das Selbstverständlichste auf Erden wäre ... ist es auch!
Papa und Eléonore zahlen schnell, denn Antonin will auf die Piste, er will auf die Straße, er ist nicht mehr zu bremsen. Schnell wählt er einen gelben Luftballon, als ihm die Verkäuferin welche anbietet, aber er will links meine Hand und rechts Paulines Hand halten und laufen, laufen, laufen.

Wir gehen alle gemeinsam zu einem Spielzeugladen. Eléonore und Papa suchen diese erstaunlich realistischen Plüschvögel, die sie mit Antonin zusammen so gern sammeln. Das Spiel besteht auch aus dieser entstandenen Gewohnheit, in regelmäßigen Abständen einen neuen Vogel zu bekommen. Papa, Maman und Eléonore werden auch nicht zögern, ganz Paris abzuklappern, um einen neuen zu finden. Zum Glück ist das Sortiment groß …
Ich suche hier das erste „wahre" Auto für Antonin. Zwar hat er schon einige aus Holz, zwar schiebt er sowieso alle Gegenstände, die für ihn Autos sind, und macht dabei sein Motorengeräusch – aber ein Modellauto hat er noch nicht.
Im Laden suche ich die Marke aus, welche die realistischsten, detailliertesten Modelle herstellt. Das hat sich in den letzten dreißig Jahren offenbar nicht verändert, es ist immer noch dieselbe wie damals, als ich solche Autos für mich aussuchte …
Heute wähle ich für meinen Sohn einen roten Mustang aus. Cabrio. Maßstab 1:18. Wie gern habe ich damals entdeckt und erforscht, was 1:18 bedeutet! Ein großes Auto also, mit funktionstüchtigem Steuerrad – deshalb habe ich das Cabrio genommen –, mit Türen, Rückspiegeln und allen Details.

Wir gehen zur Kasse. „Ein schönes Auto", sagt die Verkäuferin. Dann fragt sie, ob sie es in Geschenkpapier einpacken soll. „Nein", sage ich, „nicht nötig, das Auto bekommt er gleich." Die Dame schaut mich entsetzt an: „Was, das ist für *ihn*?" Und zeigt auf Antonin, der mit anderthalb Jahren in der Babytrage sitzt und mit kugelrunden Augen zuschaut.
„Ja", antworte ich.
„Aber das ist ein Modellauto, nichts für ein so kleines Kind!"
„Doch, doch", sage ich.
„Aber es ist doch seinem Alter nicht angepasst!"
Ich weiß, woran sie denkt, es gibt unweit von der Kasse diese für mich fürchterlichen „Autos" aus grellem Kunststoff, mit abgerundeten Ecken, comicartigen Proportionen und „fröhlichen" Punkten als Gesicht ...
„Doch, doch", sage ich und will zahlen.
„Sie werden sehen", sagt sie resigniert, während sie kassiert, „er wird das schöne Modell in Stücke schlagen! Und das ergibt viele kaputte Teile, die er dann schlucken könnte!"

Zu Hause angekommen, legt sich Antonin auf den Boden und gibt das rote Auto einige Stunden nicht mehr aus der Hand. Er lässt es ganz langsam vor seinen Augen hin und her fahren und beobachtet alle Details. Die ganze Wohnung klingt nach seinem V8-Motorengeräusch. Schafft einer von uns eine solche Ausdauer? Und welch zierliche, genaue Gesten er dabei hat!
Wenn er in seinem Laufgitter liegt, ist es auch sein Spiel, das Auto ganz langsam so zu fahren, bis die vordere Stoßstange mit den Stäben in Berührung kommt. Das verlangt große Aufmerksamkeit und zarte Motorik. Denn er will nicht anschlagen, er will diese Annäherung und Berührung sehen.
P.S. an die Verkäuferin: Heute, anderthalb Jahre später, gehört der rote Mustang immer noch zu Antonins Lieblingsautos ... und das schöne Modell hat noch keinen einzigen Kratzer ...

14. Juni 2011
Erwin und Sabine sind mit uns in Le Pas und drehen.
Am 14. Juni 1975 haben mir Papa und Maman meine erste Gitarre geschenkt. Der erste Tag, an dem ich mit Saiten gespielt habe. Die Gitarre habe ich noch. Es gibt ein spanisches Sprichwort, das sagt, dass du erst dann Gitarre spielen kannst, wenn du sechs Jahre pro Saite geübt hast. Seit Jahrzehnten denke ich mit einem Lächeln daran, dass es einmal so weit sein wird. Heute ist es so weit: 36 Jahre ist es her. Es gibt für mich nichts Sakraleres, als heute diese meine erste Gitarre meinem Sohn zu übergeben. Er spielt damit, wie immer, lässt die Finger über die Saiten streifen, klopft auf die Saiten über dem Griffbrett, aber nie mit Wucht, er will Saitenklänge hören. Es ist nicht sein erster Tag mit einer Gitarre.
Ich spiele inzwischen mit einer zehnsaitigen Gitarre. Noch 24 Jahre habe ich also vor mir, bevor ich Gitarre spielen kann …

Machen oder Gelingen

Im Oktober 2011 drehen wir in Bregenz bei einem Bildungskongress. Da wir vor allem auf Gerald Hüther fokussiert sind, nehmen wir den Nachtzug und kommen so in der Früh rechtzeitig zu dessen Vortrag im großen Festspielhaus an.

Gerald ist in Hochform und sein Vortrag wird eine wichtige inhaltliche Stütze des Films werden, was wir zu diesem Zeitpunkt natürlich so nicht wissen können. Dokumentarfilm ist oft wie ein Blindflug über einer geschlossenen Wolkendecke und die Landung daher eine heikle Sache. Im Laufe der Zeit legt man sich gewisse Instrumente zu, um nicht ganz so ausgesetzt agieren zu müssen. Aber letztlich ist es immer eine ganzheitliche Angelegenheit, die – nimmt man die Herausforderung wirklich an – weit über das hinausgeht, was sich planen und kalkulieren lässt. Mit „alphabet" und nicht zuletzt dank Gerald Hüther habe ich gelernt, dass man einen Film nicht machen kann, auch wenn ich mich als Filmmacher bezeichne. Man kann nur hoffen, dass er gelingt, und dafür die richtigen Rahmenbedingungen bereitstellen, und das ist eben weit mehr als das Know-how des Filmemachens. Wenn ein Film gelingen soll – und das bedeutet noch lange nicht, dass er dann auch erfolgreich ist –, muss sich die Gruppe von Menschen, die mit seiner Herstellung beschäftigt ist, und vor allem der sogenannte Filmmacher mit seinem kompletten Dasein auf diesen Film einlassen. Nur dann kann so etwas wie ein Prozess der Selbstorganisation entstehen. Autopoiesis nannte der chilenische Neurobiologe Humberto Maturana diesen Prozess und eines Tages werden auch Bildungssysteme auf diese Prozesse zurückgreifen, eben weil sie dem Leben als solchem innewohnen.

In Bregenz haben wir von einer fünfzehnjährigen Musterschülerin aus Hamburg erfahren, die sich in einem Brief, der in der Wochenzeitschrift „Die Zeit" veröffentlicht wurde, über ihren Schulalltag beschwert. Interessant daran war, dass es eine Musterschülerin ist und nicht eine Schülerin, die mit schlechten Noten zu kämpfen hat. Ihr Name ist Yakamoz Karakurt. Und so kam es, dass wir zwei Monate später mit ihr in ihrer Schule in Hamburg drehten.

„Ich bin in der neunten Klasse eines Hamburger Gymnasiums und habe ein Problem.

Jeder weiß, dass die Schule nicht das Leben ist. Mein Leben aber ist die Schule, was heißt, dass da etwas falsch gelaufen sein muss. Ich komme um 16 Uhr aus der Schule und gehe nicht vor 23 Uhr ins Bett und das liegt nicht daran, dass ich fernsehe, mich entspanne oder sogar Spaß habe. Mein Kopf ist voll, zu voll. Was denken sich eigentlich diejenigen, die über unser Schulleben bestimmen?

Was haben unsere Eltern davon, dass wir ihre Rente in 30 Jahren sichern, aber heute schon kaputtgemacht werden. Das, was ich hier schreibe, geht jeden etwas an. Schüler, Eltern, Ge-

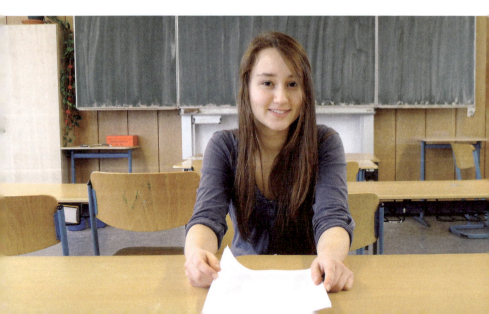

schwister, Lehrer. Ich will mich beschweren. Aber wie geht das? An wen kann ich mich wenden, wenn sich niemand verantwortlich dafür fühlt?

Es mag für einige übertrieben klingen, aber die Schule nimmt mir gerade das Wichtigste, was ich besitze. Meine Kindheit.

Wenn ich nach der Schule nach Hause komme, möchte ich noch die Sonne sehen.

Mag komisch klingen, aber es ist ein Traum von mir, schon um 15 Uhr das machen zu können, was ich will, denn ich bin hobbylos. Nicht weil ich keine Interessen habe, sondern weil ich keine Zeit habe. Meinen Freunden geht es genauso. Ist es nicht verantwortungslos, eine Generation heranwachsen zu lassen, die keine Hobbys hat? Das heißt, eines haben wir alle, aber soll ich meinen Kindern später erzählen, wie Facebook funktioniert, wenn sie mich fragen, wie es früher war? Sicher wird das nicht nötig sein, weil sie alle selbst kleine Computergenies sein werden, die noch weniger Leben haben als wir.

Ich bin nicht jemand, der die Schule hasst, oder der die Schule verurteilt. Okay, natürlich verurteile ich die Schule ein bisschen, denn sie könnte mehr daraus machen, sie hat doch eine schlichte Aufgabe, nämlich uns Schüler für das richtige Leben vorzubereiten. Ich finde, diese Aufgabe sollte sie von einer anderen Seite heraus angehen, also nicht nur kleine Neuerungen machen, sondern mal etwas komplett Neues versuchen, weil das, was man verlieren kann, ist nicht viel, finde ich."

Juli 2011

Den ganzen Juli verbringen wir in Avignon beim Theaterfestival. Pauline spielt zweimal täglich, ich nur einmal, mit ihr und Giancarlo jeden Abend um Mitternacht.

Wir sind jedes Jahr hier gewesen, es ist das größte Theaterfest, das man sich vorstellen kann. Für uns eine jeweils sehr ermüdende, besonders glückliche Zeit. Diesmal ist alles so vertraut wie immer – und ganz neu, weil Antonin zum ersten Mal dabei ist. Eine Woche lang erfinden wir gemeinsam neue Gewohnheiten, neue Rituale und Rhythmen. Ich habe nicht viel geprobt, weil ich die meiste Zeit mit Antonin bin. Wir teilen uns mit zwei Schauspielerinnen eine große Wohnung im zweiten Stock oberhalb von unserem Theater. Die Stimmung ist friedlich, Antonin fühlt sich wohl, die südfranzösische Sommerhitze macht ihm offenbar nicht besonders zu schaffen.

Bald haben wir wieder fixe Zeiten zum Essen, Spazierengehen, Mittagsschlafen usw. Am Abend müssen wir einen genauen Ablauf befolgen, damit er um zehn Uhr schläft, denn da muss ich mich auf den Auftritt vorbereiten – und Pauline spielt anderweitig.

Oft spielt Antonin mit seinen Babyphones. Er hat die Techniker im Theater und auf der Straße beobachtet und benutzt das Gerät als Walkie-Talkie. Er presst es an sein Ohr und „spricht" ganz laut, macht zwischendurch Pausen, als ob er zuhören würde, und spricht wieder in einem typischen „Walkie-Talkie-Duktus".

Er läuft weiterhin „nur", wenn wir ihm zwei Hände geben. Immer wieder aber will er die Schneckentreppe zwei Stockwerke rauf- und runterlaufen, eine für ihn anstrengende Übung. Er hält sich mit einer Hand an den Steinen in der Mitte der Schnecke und die andere gibt er uns. Geduldig und zielstrebig macht er einen großen Schritt, einen kleinen Schritt, atmet durch und nimmt die nächste Stufe in Angriff.

Am liebsten ist er auf der Straße. Wir sind im pulsierenden Herzen des Festivals, in der bekannten Rue des Teinturiers. Es ist eine sich schlängelnde, eher schmale Straße mit rundem Kopfsteinpflaster. Sie folgt dem Lauf eines kleinen Bachs – früher waren hier viele Wassermühlen, deren Räder noch stehen und sich langsam drehen. Am Bach entlang wachsen typische, mächtige Platanen, auf der gegenüberliegenden Seite, nach einem schmalen Bürgersteig, reihen sich Häuser aneinander, deren Erdgeschosse anstelle der ehemaligen Färbereien unzählige Boutiquen, Bars, Restaurants und vor allem Theater beherbergen. Hier wird einen Monat lang gefeiert, musiziert, getanzt, gesprochen, gerufen, gedichtet, gegessen und – logischerweise – vorwiegend Theater gespielt.

Bunt gemischt tummeln sich Tausende von Menschen: Festivalbesucher, Straßenkünstler, Souvenirverkäufer, Kunsthandwerker ... Schmuck, Spielsachen, Kleider und allerlei Gegenstände werden feilgeboten. Alle Ensembles und Compagnien gehen täglich hier vorbei und stellen ihre Stücke vor, verteilen Prospekte, zeigen Auszüge, rufen aus, singen und gewinnen Zuschauer für ihre Auftritte.

Wenn ich denke, dass es Menschen gibt, die sich um die Sozialisation unbeschulter Kinder Sorgen machen!

Hier hat Antonin seine Gewohnheiten und seinen Fanclub. Alle kennen ihn, und er kennt alle. Alle winken, alle rufen, alle kauern sich hin, um mit ihm Augenkontakt zu halten. Amandine ist auch beim Festival. Er sitzt oft auf ihrem Schoß und spielt mit ihr – magische Anblicke.

Jeden Tag will Antonin dieselbe Route gehen. Ich gebe ihm beide Hände und wir gehen kleinen Schrittes die Rue des Teinturiers hinunter bis zum Kleidergeschäft, wo ihn Giorgio immer feiert. Dann gehen wir zu Alain hinüber, der Schmuck und Holzspielsachen verkauft und Antonin immer fröhlich empfängt und spielen lässt. Dann gehen wir durch den lustigen Menschenstrom zurück und machen immer wieder vor denselben Schaukästen halt, in einer ganz genauen Reihenfolge. Zwischendurch gibt es immer wieder Unerwartetes zu sehen: Riesenseifenblasen-Shows, Flamenco-Tänzer, Zauberer, Straßenkonzerte – und das Riesenfahrrad nach alter Weise, ein zwei Meter großes Rad vorn und ein Klavier zwischen zwei kleineren Rädern hinten, und der Mann, der immer ganz feierlich dieselbe Musik spielt, während der andere ganz langsam das Vehikel durch die Menschenmenge steuert.

Dann gehen wir an unserem Theater vorbei und betreten das Ticketbüro. Dort sind hölzerne Teddybären ausgestellt, mit denen Antonin spielt. Er stellt sie im Kreis auf den kleinen Tisch und geht, sich mit beiden Händen am Tischrand haltend, um sie herum und ruft ganz begeistert: „Ooooh, chien!" (*chien* = Hund) Das wird in der ganzen Rue des Teinturiers zu einem Running Gag ...
Dann will er wieder auf die Straße hinaus und dann links in eine der Nebengassen hinein. Dort gibt es vor einem der Theater einen kleinen Garten, in dem er zwischen den wartenden Menschen jeweils eine Weile mit dem Kies am Boden spielt.
Und weiter geht es auf den Platz hinter den Theatern mit den majestätischen Bäumen. Dort ist plötzlich der Lärm von der Rue des Teinturiers gedämpft. Auch hier hat Antonin seine Gewohnheiten: Es gibt zwei Stufen, um auf den Platz zu gelangen, und zwei Stufen am anderen Ende, um wieder hinunter auf die Straße zu kommen. Autos parken hier, er will jeweils jedes einzelne besuchen. Er geht rundherum, hält sich an der Karosserie fest und betrachtet vorn auf der Haube die Markenschilder ganz aufmerksam.
Eines Tages nehme ich ihn eine Straße weiter zur Redaktion einer Zeitung mit, wo ich ein Belegexemplar abholen will, denn sie haben über unser Stück geschrieben. Ab da gehört auch diese Straße, auch dieses Stück Weg zum täglichen Spaziergang. Die Leute von der Redaktion freuen sich jeden Tag, wenn wir auftauchen, sie unterbrechen ihre Arbeit, um Antonin zu empfangen. Aber er will nicht lang bleiben, nur kurz „grüßen" und anschließend zurück in die Rue des Teinturiers zu den Mühlrädern. Er liebt es, auf der Mauer davor zu stehen oder zu sitzen (ich halte ihn an den Hüften) und die drehende Bewegung ganz aufmerksam zu verfolgen. Moos und Algen wachsen auf diesen geduldigen, ausgedienten Rädern und das Wasser plätschert und tröpfelt von ihren Schaufeln.
Ganz dicht an der Mauer wachsen die riesigen Platanen. In dieser heißen Jahreszeit löst sich an manchen Stellen die Rinde

in charakteristischen Mustern vom glatten Baumstamm ab. Antonin läuft auf der Mauer – ich halte ihn an beiden Händen – bis zum nächsten Baum und reißt Rindenstückchen ab, um sie ins Wasser zu werfen und ihre Reise zu verfolgen, bis sie außer Sicht sind.
Weiter geht die Runde an einer Caféterrasse vorbei, wo stets laute Musik ertönt. Hier machen wir immer halt und Antonin tanzt im Rhythmus. Er hat etwas erfunden, das niemand von uns ihm vorgezeigt hat: Er hält sich an einer Hand fest und federt mit den Beinen in einer sehr geschmeidigen, immer dem Rhythmus angepassten Bewegung.
Meistens sind Luna und Gaïa hier anzutreffen, die acht- und die sechsjährige Tochter von Giancarlo, und oft übernehmen sie sehr verantwortungsbewusst Antonins beide Hände und auch den weiteren Spaziergang mit ihm.

Eines Tages, während dieses unseres täglichen Nachmittagsspaziergangs, lässt Antonin eine meiner Hände los. Er lässt sie los, macht einen Schritt, muss neu ausbalancieren, eine Weile stehen bleiben. Auch für ihn ist das ganz neu. Ganz unwiderstehlich. Die ersten Schritte sind ein wenig zögernd, wie zerbrechlich. Er ist so darauf konzentriert, dass wir am kleinen Garten mit dem Kies vorbeilaufen, ohne dass er ihn wahrnimmt. Aber als wir am Ende der Gasse auf dem Platz stehen, merkt er, dass wir diese Etappe verpasst haben. Da will er wieder zwei Hände haben, um schnell zurück in den Garten zu gehen.
Ab diesem Tag läuft Antonin regelmäßig allein in der Wohnung. Dazu braucht er nur eine Wand, an der er sich mit einer Hand halten kann. Der lange Gang ist ideal.

Jeden Abend bade ich ihn um die Zeit, wenn Pauline zu ihrem ersten Auftritt des Abends geht. Wir bereiten uns friedlich vor, er trinkt ein letztes Mal in meinen Armen, dann legen wir uns ins Bett. Er will immer dieselbe Musik hören, es gehört zum Ritual, so wie die genaue Uhrzeit. Es ist die Filmmusik von „Black Brown White", die Erwin mir geschenkt hat. Am Ende der neun Stücke schläft er meistens schon, oder er ist kurz davor. Am Abend in Avignon ist es um zehn Uhr immer noch sehr heiß und sehr laut auf der Straße.

Unser Stück ist bewusst dasjenige, das im ganzen Festivalprogramm täglich am spätesten beginnt – und auch endet. Bis das Publikum weg ist und der Saal geputzt und bereit für den nächsten Morgen, sind wir nicht vor zwei Uhr in der Nacht fertig. Noch herrscht reges Leben in den Straßen. Um diese Zeit ist die Luft endlich etwas frischer. Alle Bars sind offen. Alle Terrassen sind übervoll, die ganze Gegend dröhnt von Konzerten und Discoabenden im Freien. Es ist einfach die größte Theaterfete der Welt. Die übrigen elf Monate des Jahres ist Avignon eine stille Kleinstadt in Südfrankreich.

Pauline, Giancarlo und ich gehen nach dem Auftritt meistens noch eine Stunde zu einem unserer zwei Stammcafés. Anfangs fragen uns viele, ob wir uns wegen Antonin keine Sorgen machen, weil er doch ganz allein in der Wohnung schläft und die Babyphones nicht bis zum Café reichen. Aber wir gehen immer zuerst bei ihm vorbei, und wenn das Gefühl stimmt, zögern wir nicht, ihn eine Weile allein zu lassen. Und das Gefühl stimmt immer. Dass er in Frieden durchschläft, beruht gewiss darauf, dass er im Vertrauen einschläft, jeden Morgen ohne „schlechte Überraschung" aufwacht und jeden Tag so vieles unternimmt, erforscht und erlebt.

Jeden Morgen schaut er sich die *ganze* „Zauberflöte" an. Es ist unglaublich, aber wahr. Zwei Stunden Oper. Am liebsten in seinem Bett stehend, mit beiden Ellbogen auf dem Bettrand.

31. Juli 2011
Letzter Festivaltag. Morgen fahren wir nach Hause. Pauline und ich bereiten uns darauf vor. Seit einigen Tagen schon „riecht" es nach getaner Arbeit und Einpacken. Für uns ein erfüllendes Ge-

fühl – jedes Ende ist aber immer auch mit Schmerzen verbunden. Das betrifft lediglich uns Erwachsene. Für Antonin gibt es nur den hiesigen, regelmäßigen Alltag, und heute ist ein Tag wie die anderen, mit seinen Ritualen, Gewohnheiten, Rhythmen und Überraschungen.

Heute nehmen wir ihn um zehn Uhr zu seinem ersten Theaterbesuch mit, zum Theaterstück von Maxence. Maxence gehört demselben Ensemble und Theater in Brive-la-Gaillarde an wie Amandine. Seit einem Monat spielt er täglich die erste Aufführung des Tages in unserem Theater.

Es ist kein Stück für Kinder. Die Stücke für Kinder haben wir bewusst vermieden. Weder Maxence noch Amandine, noch wir machen uns Sorgen.

Der Saal ist nur halb voll, letzter Tag eben. Wir sitzen unweit von der Tür, Antonin auf meinem Schoß, sollte er die Stunde nicht aushalten, könnten wir relativ diskret hinausgehen. Das weiß Maxence, er sagt, es stört ihn nicht.

Sobald der Saal dunkel wird, ist Antonin still und aufmerksam. Wenn der erste Scheinwerfer eingeschaltet wird, dreht er sich um, damit er genau sehen kann, woher das Licht kommt. Das wird er während der ganzen Vorstellung machen, und er dreht sich nicht suchend um, sondern immer zielgerichtet dahin, wo der Scheinwerfer hängt. Später wird Alexandre sagen, er habe das gesehen und ab da das Licht besonders aufmerksam gefahren, „für Antonin".

Antonin wird ein einziges Mal leicht unruhig, und zwar als er nicht mehr auf meinem Schoß, sondern auf dem Sitz zwischen mir und Pauline sitzen will. Das ist nicht schwierig. So ist er freier, sich umzudrehen und die Lampen zu sehen, die hinter den Zuschauern hängen. Auch kann er so Alexandre in seiner Kabine gut sehen, was auf meinem Schoß nicht möglich war.

In dieser Aufmerksamkeit, in seiner ungestörten Empathie teilt er die Schweigsamkeit und die Konzentration der Menschen im Saal. Er muss keine Aufmerksamkeit gewinnen, denn die fühlt er immer. Ihm geht es darum, dieses Gemeinsame zu erleben. Vielleicht versteht er nicht alles, was auf der Bühne stattfindet. Aber was eine Bühne ist, weiß er, und was dort geschieht, gehört zu seinem Umfeld. Auch wie man Licht fährt, beobachtet er heute. Wenn die Menschen lachen, lächelt er, wenn sie klatschen, klatscht er auch. Und wenn sie still sind, ist er still – und schaut zu.

„Ein außergewöhnliches Kind!", sagt bewundernd ein Zuschauer nach der Aufführung. Nee, denke ich, es ist das Gegenteil, ein ganz normales Kind, einfach ungestört. Probieren Sie es mal!

Nach diesem Theaterbesuch, während ich das Mittagessen koche, spielt Antonin mit Pauline. Und plötzlich entsteht ein neues Spiel: Sie sitzt auf dem Sofa und er steht vor ihr. Sie hält ihn unter den Armen und lässt irgendwann kurz los. Er bleibt allein stehen und begeistert sich. Und dann lässt er sich lachend in ihre Arme fallen.

Aber er will wieder. Bald braucht er die Hände von Pauline nicht mehr nah an seiner Brust zu sehen. Er fühlt sich auch in einer Entfernung von einigen Schritten sicher. Es ist so weit, jetzt läuft er drei, vier Schritte, um sich in Paulines Arme fallen zu lassen. Das Spiel dauert, bis er erschöpft ist. Antonin hat seine ersten Schritte am letzten Tag in Avignon gemacht. Eine unserer Mitbewohnerinnen, die aus der Ukraine stammt, hat dem beigewohnt und schenkt ihm später ein kleines Buch – das ist in ihrer Heimat nach diesem Ereignis Tradition.

Längstdienender Personalchef Deutschlands

Wir verstehen uns schon nach dem ersten, kurzen Telefonat. Kein Wunder, dass die Welt in einer Krise ist, wenn es nur mehr ums Geld geht und alles, was wirtschaftlich keinen Wert hat, auch gleich als sinnlos, weil nutzlos betrachtet wird. Wenn wir alle anderen Sinne, außer den fürs profitable Denken, verkümmern lassen, dann werden wir früher oder später große Probleme bekommen, sagt Thomas Sattelberger, ein Mann vom alten Schlag mit enormem Weitblick.

Von Anfang an war es eine fixe Idee, einen Personalchef im Film zu haben, denn die ganze Zeit der Schulung und des Studiums dient ja letztlich bei fast allen von uns vor allem einem Ziel: eines Tages vom Erlernten leben zu können, ein wirtschaftlich unabhängiges Leben zu führen.

Sattelberger sagt sofort zu, sein Büro bei der Telekom in Bonn ist gut organisiert, die Damen im Sekretariat sind nicht nur freundlich, sondern auch sehr verlässlich und zuvorkommend. Sein Büro ist im Schichtbetrieb besetzt, erste Schicht von 7:00 Uhr bis 17:00 Uhr, zweite Schicht von 15:00 Uhr bis 23:00 Uhr. Thomas Sattelberger selbst ist von 7:00 Uhr bis 23:00 Uhr anwesend, Montag bis Freitag, die Wochenenden verbringt er zu Hause in München.

Nach zwei Telefonaten ist alles fixiert, wir treffen uns an einem Montag im März 2012 um 9:00 Uhr in seinem Büro bei der Telekom, er erscheint auf die Minute pünktlich, ist gut gelaunt, und ich habe das Gefühl, er weiß mehr über mich als ich über ihn.

Wie immer stelle ich keine Fragen, sondern gebe locker ein Thema oder den Rahmen eines Themenkomplexes vor, um ihn zu animieren, vor der Kamera zu sprechen.

„Ich bin wahrscheinlich der längstdienende Personalvorstand der Republik", sagt Thomas Sattelberger. Sein Vater hat ihm die Sehnsucht mitgegeben, durch Lernen, Studieren und Welterkennung etwas aus sich zu machen: „Ich glaube, dass dies mich schon sehr geprägt hat."

Mit Anfang zwanzig beschloss er, eine Berufsausbildung bei Daimler-Benz zu beginnen. Die Idee war, bei Daimler-Benz anzufangen und auch dort, nach vielen Jahren, in den Ruhestand zu treten. Aber bei diesem ursprünglichen Plan blieb es nicht. Er war in vier großen DAX-Konzernen tätig. Nach Daimler-Benz wechselte Sattelberger für zehn Jahre zur Lufthansa, anschließend war er bei der Continental AG Personalvorstand, bevor er zur Telekom wechselte, wo 250.000 Menschen beschäftigt sind. Mit fast sechzig Milliarden Umsatz ist sie der drittgrößte Telekommunikationskonzern der Welt.

„Die Frage des Ausbrechens ist ein Schlüsselthema.

Wir müssen im Grunde sehen, wie wir für diese geschlossenen Systeme zumindest die Fenster öffnen, damit die muffige Luft, die sich über Jahrzehnte darin angestaut hat, rauskann.

Deswegen ist auch die Vielfalt so wichtig! Vielfalt in einem sozialen System: unterschiedliche Stile, unterschiedliche Lebenskonzepte, unterschiedliche Ideen, die ihren Raum finden, unterschiedliche Menschen, die sich ihren Interessen gemäß entfalten können, das macht ein System lebendig! Das Gegenteil geschieht, wenn ich normiert werde, wenn ich ausgerichtet werde, wenn ich dressiert werde: Dann erschöpfe ich mich und das System. Deswegen ist für mich eine Schlüsselfrage, wie wir geschlossene Systeme aufbrechen! Ich hab da kein Patentrezept bisher dafür gefunden. Wir haben die Frauenquote eingeführt. Jetzt nicht nur wegen der Frauen, die eindeutig benachteiligt werden in Führungspositionen, sondern um das Fenster aufzumachen und diese muffige Luft geschlossener Systeme von Granden, die alle die ähnliche Bildung haben, das ähnliche Elternhaus, den ähnlichen Erziehungsprozess, den ähnlichen beruflichen Werdegang, die ähnliche Schulausbildung, hinauszulassen. Diese Verwobenheit, diese Geschlossenheit, diese Homogenität, die keine Vielfalt zulässt, aufzubrechen, ist für mich zumindest einer der Wege, um mit geschlossenen Systemen umzugehen."* Thomas Sattelberger

Jobs versus Arbeit

*„Wähle einen Beruf, den du liebst,
und du brauchst keinen Tag in deinem Leben
mehr zu arbeiten."*

Konfuzius

Die Wirtschaft wächst und wächst und gleichzeitig wachsen die Schulden und die Zahl der Arbeitslosen. In den Ländern Südeuropas, allen voran Spanien und Griechenland, beträgt die Jugendarbeitslosigkeit über fünfzig Prozent. Ausgelöst wurde diese Katastrophe durch die Wunderformel: „Lassen Sie Ihr Geld arbeiten!"

Alle sind wir daran beteiligt, federführend waren hier allerdings die Eliten und Führungskräfte in der sogenannten Finanzwirtschaft, wo zwar keine Produkte hergestellt werden, doch viel verkauft wird.

Dass dort nur Menschen mit den besten formalen Abschlüssen der renommiertesten Schulen und Universitäten arbeiten, wurde hier schon ausgeführt. Dass jetzt aber genau die jungen Menschen mit den guten Zeugnissen und Abschlüssen, für die sie jahrelang studiert haben, auf der Straße stehen – dieses Phänomen ist neu, und wie jedes neue Phänomen löst es in einer geschlossenen Angstgesellschaft große Angst aus, vor allem bei der Jugend.

Es ist eine bitterböse Überraschung, wenn ein junger Mensch alles tut, was ihm gesagt wurde, sich dafür aufgibt und anstrengt, damit er dieses vorgegebene Muster übernimmt (wir sprechen ja so gern von Musterschülern), um dann, wenn die Ausbildung abgeschlossen ist, keinen Job zu bekommen. Er fragt sich zu Recht: „Was habe ich falsch gemacht?"

Jemand aus der Wirtschaft würde antworten: „Arbeitskräfte wurden am Markt vorbei produziert, man muss flexibler werden!"

Jemand aus den ideologisch-theoretischen Etagen der Politberater würde sagen: „Falsche und vor allem zu wenig brauchbare Qualifikationen und Abschlüsse erworben!"

Jemand aus der Politik würde fordern: „Wir brauchen neue Beschäftigungsprogramme für mehr Jobs für ‚unsere' Jugend!"

Warum fragt eigentlich niemand, warum die jungen Leute sich nicht so entwickeln konnten, dass sie jetzt in dieser Situation aus sich selbst schöpfen können, sich selbst Arbeit aneignen können, denn das, was den Menschen glücklich und zufrieden macht, ist nicht ein Job, sondern eine Arbeit, die einen mit Stolz und Zufriedenheit auf das Getane zurückblicken lässt, die einem das Gefühl gibt, etwas beigetragen zu haben, das Leben bereichert zu haben.

„When we went to school, we were kept there with a story, which was: If you worked hard and did well, and got a college degree, you would have a job.

Our kids don't believe that. And they're right not to, by the way.

You're better having a degree than not, but it's not a guarantee anymore, and particularly not if the route to it marginalizes most of the things that you think are important about yourself."

Sir Ken Robinson

Wie die heutige Jobwelt aussieht, davon kann sich jeder selbst ein Bild machen, aber mit einem erfüllten Arbeitsleben haben die meisten Jobs wenig gemeinsam. Nicht nur in den Billig-Jobs, den sogenannten Ein-Euro-Jobs, ist das so, auch in den mittleren Etagen großer Unternehmen weht einerseits ein rauer Wind und wird andererseits der Zufriedenheitsgrad nur mehr in der Erschöpfung definiert. Längst sind die Arbeitsprozesse dermaßen zerlegt, dass viele gar nicht mehr wissen, welches Teil in der Kette sie genau darstellen.

Diese Jobberei der Nicht-Verbundenheit mit dem eigenen Tun – oder, noch schlimmer, wenn das Tun das genaue Gegenteil dessen ist, was ich eigentlich möchte – führt bekanntlich zu den modernen Krankheitsbildern, zu den Krankheitsbildern einer perversen Arbeitswelt.

Wir brauchen aber nicht *burn out*, wir bräuchten *burn for*!

Sehr viele, die wir bewundern, egal in welchen Bereichen des Lebens, sind und waren Menschen, die ausgebrochen sind. Sie haben die engen Fesseln der vorgegebenen Muster zerrissen und sich auf ihren Weg gemacht, sind ihrem Gespür gefolgt und haben ihre eigene Spur aufgenommen, sehr oft gegen enorme Widerstände.

Die Helden des Alltags, deren Namen in der weiten Welt eventuell nicht so schillern, kommen in der limitierten Welt der Wirtschaftsbosse und Finanzmarktschreier, der Politikmarionetten und Medienheuchler gar nicht vor.

Ihre Funktionen sind: Mutter, Maurer, Lkw-Fahrer, Kassiererin, Behindertenbetreuer etc.

Wir sollten uns langsam die Frage stellen, was für eine Kultur werden wir einmal gewesen sein, in der diese sinnstiftenden, wichtigen Aufgaben gar nicht wertgeschätzt werden? In der einem Finanzspekulanten Millionen nachgeworfen werden und einer Mutter kein Gehalt zusteht! In der Altenpflegerinnen illegal aus Billiglohnländern importiert werden und dort ihre Kinder zurücklassen müssen! In der Politiker Gesetze beschließen, aber in einem einfachen Beruf wie Bäcker oder Küchengehilfe keine Sekunde bestehen könnten!

Heute ist viel von Jobs die Rede und von der Geisel der Arbeitslosigkeit. In dieser Wortwahl liegt eine brisante Wahrheit.

„Was wäre denn, wenn mehr Hausfrauen entscheiden würden, Politiker zu werden? Was wäre denn, wenn sich Arbeiter entscheiden würden zu kandidieren?

Was wäre denn, wenn Migrantenkinder Karriere einfordern würden in Unternehmen? Diese Frage der Öffnung von Grenzen und des Bauens von Brücken und des Öffnens von Türen ist ein Schlüsselthema für ein gesundes soziales Unternehmen, für eine gesunde Gesellschaft." Thomas Sattelberger

August 2011

In den Wochen nach Avignon ist bei uns noch einiges los. Aber wir erleben auch alle zusammen sehr erholsame Ferientage in Le Pas.

Bemerkenswerterweise wiederholt Antonin das Experiment „Laufen" nie. Auch scheint er beim Laufen wieder zu bevorzugen, nicht nur eine, sondern zwei Hände zu halten. Manche würden das als Rückschritt empfinden und entsprechende Maßnahmen treffen wollen. Davor hüten wir uns, denn wir haben dieses natürliche „Phänomen" oft und überall beobachtet.

Wir gehen jeden Tag durch den Garten, er pflückt und isst fleißig reife Beeren, aber wenn wir eine Hand loslassen, setzt er sich auf den Boden. Oft kommt dann Felix, der Kater, und Antonin ist begeistert.

Jeden Tag nach dem Essen packt er die Hand meiner Maman oder meines Papas und geht mit ihnen immer dieselbe Route durch das große Haus. Mit immer denselben Stationen. Zum Beispiel an den Lichtschaltern entlang oder zum Klavier. Deckel auf. Mit der Tastatur spielen. Bei den Höhen, beim Bass. Den Klängen lauschen. Dazu, sich mit beiden Händen am Rand der Tatstatur festhaltend, tanzen. Deckel zu. Die Runde geht weiter.

Unser Freund Jacques – der Pianist – verbringt einige Tage mit uns. Er ist sehr bewegt von Antonins Beziehung zur Musik. Er spielt ihm etwas vor und Antonin hört zu. Für ihn ist Musikhören eine Beschäftigung an sich, der er sich ausschließlich widmet. Oft steht er nach einer Weile auf und spielt selbst mit den Tasten: Jacques und er stehen dann nebeneinander am Klavier und musizieren ganz wild. Antonin singt, lacht und tanzt dazu, und Jacques sagt, einen so ausgeprägten Rhythmussinn bei einem nicht einmal zweijährigen Kind anzutreffen sei sehr berührend.

3. September 2011
Wir sind alle beisammen und spielen. Irgendwann steht Antonin auf, lacht dabei und läuft davon. Ganz selbstverständlich.
Es gefällt ihm, er will gar nicht mehr aufhören. Wir sitzen am Boden, er geht lachend von einem zum andern, am liebsten quer durch das große Zimmer.
Nach dem ersten gelungenen Versuch in Avignon hat der Vorgang, ganz tief in ihm verdeckt, fünf weitere Wochen reifen müssen. Und heute ist es übergangslos so weit. Wie schlimm wäre es gewesen, durch irgendwelche Sorgen oder Motivations-

versuche unsererseits diesen Vorgang zu stören – und dabei zu vernichten, zugunsten unseres Programms!
Wir müssen uns daran gewöhnen, dass nun ein kleiner aufrechter Mensch mit blonden Locken an uns oder hinter uns oder neben uns immer wieder vorbeiläuft. Das gehörte bis jetzt nicht zu unserem Bezugsystem!

Einige Tage später reisen wir in die Schweiz. Es ist Antonin erster Flug. Wir haben so oft in Flugzeugen schreiende Kinder erlebt, dass wir nicht ausschließen, dass auch er unter diesen Bedingungen Angst oder Schmerzen empfinden könnte.
Aber er sitzt auf unserem Schoß, schaut zum Fenster hinaus und scheint an unserem Spaß teilzuhaben. Und plötzlich dröhnen die Triebwerke ganz laut: Das begeistert Antonin, und je lauter und höher der Ton wird, umso lauter und höher „singt" er mit. Niemand außer uns kann ihn hören, weil er genau im Ton ist und eine kleine Kinderstimme hat. Beim Abheben, im Augenblick, in dem man das *gewisse Gefühl* hat, lacht er kurz. Nach einiger Zeit werden die Düsen wieder leiser und tiefer, und Antonin wird es gleichzeitig auch. Dann spielt er eine ganze Weile mit der Klappe der Gürtelschnalle. Wenn wir sie öffnen, nimmt er sie ans

Ohr und spricht hinein. Das macht er mit allen viereckigen Objekten … Bald steigen wir in Zürich aus und er schaut sich alle Flugzeuge an.

Wir reisen per Zug weiter. Diesmal fahren wir nicht direkt zu Werni, sondern nach Meiringen, weil ich dort Gast bei einer Tagung bin. Erwin und Sabine kommen nach, um mit uns zu filmen, bevor wir gemeinsam zu Wernis Gitarrenbauwerkstatt fahren.

Meiringen ist eine kleine Stadt im Berner Oberland. Erreicht wird sie mit einer kleinen, typischen Zahnradbahn. Als Kind – als ganz kleines Kind schon – war ich immer wieder hier, weil wir jedes Jahr am Hasliberg Ferien machten. Ich war Jahrzehnte nicht mehr hier, doch ist alles fast gleich geblieben. Meine Frau und meinen Sohn in diesen Landschaften zu erleben berührt mich ganz besonders. Ich vermisse meine Eltern und Eléonore.

Am nächsten Morgen beim Frühstück im Hotel sitzt Antonin zum ersten Mal auf einem „richtigen" Stuhl. Als die nette Dame einen hohen Kinderstuhl bringt, will er ihn nicht.

Nach der Tagung sind wir zu einem Abendessen in einem Restaurant am Gipfel des Bergs eingeladen. Der Weg durch die Kleinstadt, die Station der großen Gondelbahn, die nach Reuti fährt, und sogar die Bahn selbst sind genau gleich wie früher. Es ist für mich wirklich ergreifend, das mit Pauline und Antonin wieder zu erleben. In Reuti steigen wir von der großen Gondel in die kleinere um. Hier schaut sich Antonin die vielen Räder und Kabel an der Decke sehr aufmerksam an – genau wie ich damals. Und auch heute …

Nach Bidmi und einem weiteren Umsteigen kommen die ganz besonderen Landschaften hoher Berge. Keine Bäume mehr, Kühe noch, kleine Chalets, Abendsonne wunderbarer Spätsommerabende. Alle sind vom mächtigen, stillen Alpenpanorama fasziniert.

Im Restaurant ist Antonin eine Attraktion. Alle kommen an unseren Tisch, um ihn zu begrüßen. Die vielen Leute und die lebhafte Atmosphäre amüsieren ihn sichtlich – mehr als hundert Teilnehmer und Referenten sind hier versammelt. Ich glaube, es ist selten ein Kind bei solchen Runden dabei, geschweige ein so kleines. Antonin isst am liebsten die ganz kleinen Brötchen, die auf Untertassen neben den großen Tellern serviert werden. Das spricht sich schnell herum, und er bekommt von allen Gästen an unserem Tisch und an den angrenzenden Tafeln eine ganze Kollektion kleiner Brötchen auf kleinen Tellern …

Den letzten Tag verbringen wir im Freilichtmuseum Ballenberg. In einer idyllischen Landschaft werden alte Schweizer Häuser samt Einrichtung in ihrem ursprünglichen Zustand ausgestellt sowie traditionelles Handwerk gezeigt. Ich war als Kind oft hier, anfangs gab es nur wenige Häuser, jetzt ist es eine ganze Stadt. Als Kind empfand ich diesen Ort als Traum. Ich lebte damals schon in einer gewissen Nostalgie für einstige Lebens- und Arbeitsweisen, ich war voller Eindrücke aus der Literatur und trug in mir Bilder von Beatrix Potter, Carl Larsson und vielen anderen. Manche

Anblicke in Ballenberg trafen damals schon diese Nostalgie mitten ins Herz und berührten mich tief. Das ist heute nicht anders, die Anwesenheit von Pauline und Antonin kommt noch hinzu. Nur die vielen Touristen ... die gab es damals nicht.

Anschließend nehmen wir die Reise nach Tamins in Angriff. Erwin und Sabine sind schon gegen Mittag mit dem Auto und dem Material gefahren. Wir folgen mit Zügen und Bussen. In der Zahnradbahn mit den relativ kleinen Wagen sitzen wir zwei jungen Indern gegenüber, die gerade die Schweiz besuchen. Pauline war eine Weile in Indien, sie haben vieles auszutauschen. Und vor allem begeistern sich die zwei für Antonin und sein leises, ständiges „Motorensummen"; entweder singt er dem Fahrgeräusch der Zahnradbahn nach, oder er spielt mit dem silbernen Modellauto, das ich für ihn in Meiringen gefunden habe.
Beim Umsteigen verabschieden wir uns. Am Bahnhof in Luzern haben wir Zeit, Antonins Lieblingsabendessen, Nudeln mit Tomatensauce, zu besorgen, damit er im Zug essen kann. Irgendwann spielt er wieder mit seinem Auto. Die zwei jungen Inder tauchen

freudig wieder auf: „Das erkennt man akustisch sofort, es kann nur Antonin sein", sagen sie. „Oh ... hört man ihn also so laut, stört das?", fragen wir. „Nein", sagen sie, „aber gerade war alles kurz still und ein paar Sitzreihen entfernt haben wir ihn gehört und sofort erkannt!"

In Tamins wandert Antonin durch die Werkstatt. Es ist das erste Mal, dass er hier selbst herumgehen kann. Er erforscht alles sehr aufmerksam. Er sitzt, von Sonnenlicht gebadet, in Holzspänen und spielt damit. Er holt das ganze Werkzeug aus einer Kiste und spielt, auf dem Boden sitzend, zwischen den arbeitenden Gitarrenbauern. Er stört nicht, er hat seinen Platz. Ich baue ihm ein kleines Auto mit einem Stück Holz und vier Rädern.

Antonin interessiert sich sehr für Wernis Motorrad. Er wird sogar von ihm darauf gesetzt. Er zeigt immer auf den Schlüssel. „Okay", sagt Werni, „aber es könnte sein, dass du erschrickst" – das habe er bei kleinen Kindern öfter beobachtet. Also sind wir bereit, ihn gegebenenfalls schnell in die Arme zu nehmen. Werni dreht den Schlüssel und startet den mächtigen, lauten Motor. Antonin zuckt nicht einmal, hält sich mit beiden Händen am Tank fest und wid-

met sich ganz ernst allen Gefühlen, die sich gerade in ihm sammeln. Er will nicht mehr aufhören, den Motor zu hören und zu spüren.

In diesen Tagen wird die kleine Gitarre von Pauline fertig. Antonin bekommt sie endlich, und er weiß genau, worum es geht. Wollte man messen, was Begeisterung für kleine Kinder bedeutet, müsste man lediglich beobachten, wie sein ganzer Körper protestiert, wenn man zu früh versucht, die Gitarre nur ein paar Zentimeter zu entfernen.

In der Halle in Tamins, wo Cecilia mit ihren Rondolini üblicherweise probt, sitzt Antonin auf Paulines Schoß vor dem Schlagzeug. Die verschiedenen Schlaginstrumente liegen im Halbkreis vor den beiden. Pauline nimmt zwei Stäbe und spielt ein wenig. Mit den Knien schüttelt sie Antonin ganz zart im Rhythmus, sie lachen.

Dann will auch er die Stäbe nehmen. Zuerst probiert er alle Instrumente, manche sind ein wenig entfernt, er muss sich ganz ausstrecken, Pauline begleitet seine Bewegungen mit dem eigenen Körper. Typische, nicht geordnete Schlagzeugklänge. Irgendwann hält er kurz inne und spielt dann mit einer Trommel und einem Becken: bumm bumm, ting ting, bumm bumm, ting ting … Zuerst glaube ich an Zufall; aber nein, er spielt bewusst in einem ganz genauen Rhythmus.

Die Besten der Besten

Einmal im Jahr ermittelt McKinsey & Company, weltgrößte Unternehmensberatungsagentur, gemeinsam mit Partnerunternehmen in Deutschland wie Bayer, Credit Suisse, Metro, Henkel, Porsche etc. den/die „CEO of the Future" mit dem Ziel, junge Talente zu entdecken und für große Firmen zu gewinnen.

Letztendlich bewerben sich über zweitausend Interessenten für den „CEO of the Future". Die Vorauswahl findet in Düsseldorf, der Geschäftszentrale von McKinsey Deutschland, statt.

Im ersten Schritt stellen die BewerberInnen ihre Qualifikation und Fähigkeit zum kritischen Denken beim Verfassen eines Aufsatzes unter Beweis: Wie definiert sich Erfolg im Jahr 2030?

Rund drei Monate später versammeln sich die zweihundert Besten aus der Vorausscheidung in einem Nobelhotel in Hamburg, um sich in weiteren Auswahlverfahren zu beweisen.

Die zwanzig Besten der Besten werden schließlich Anfang November 2011 nach Kitzbühel in die Tiroler Bergwelt einge-

laden, um dort Lösungen zu aktuellen Managementfragestellungen zu erarbeiten, die für die kooperierenden Partnerunternehmen relevant sind. Man logiert im Kitzbüheler Grand Hotel, traditionell ein Treffpunkt der High Society, das seit 1999 die McKinsey Alpine University beherbergt.

Die honorigen Juroren bewerten die von den Finalisten entwickelten und präsentierten Lösungsansätze und küren noch am selben Tag die oder den „CEO of the Future 2011".

„Bis heute hält sich in der Literatur über Affenhorden immer noch die falsche Vorstellung, dass der stärkste Affe in der Rangordnung am höchsten steht und deshalb auch die meisten Nachkommen bekommt und von den Weibchen so begehrt wird.
Das ist aber grundfalsch! Es ist immer derjenige, der die größte Umsicht hat. Derjenige, der die Geschehnisse in der ganzen Gruppe verstehen kann und der am besten Streit schlichten kann, der also die Gruppe am besten zusammenhalten kann, das ist der sogenannte Alpha-Affe ... und diejenigen, die immer beißen und die versuchen, in der hintersten Reihe eine Äffin zu begatten, das sind diejenigen, die in der Rangordnung ziemlich weit unten stehen.
Das heißt, es wird ausgewählt nach den Kriterien Aussicht, Umsicht, Fähigkeit, sich in andere hineinzufühlen, neugierig zu sein und aufgeschlossen zu sein. Kriterium für die Auslese ist, wer das lernfähigste und am optimalsten ausgebildete Gehirn hat.
Unter diesem Gesichtspunkt wird die ganze Geschichte wirklich interessant, denn es gibt offenbar einen Selektionsdruck hin zu einer Auswahl von denjenigen mit einem besonders plastischen, besonders formbaren und besonders lernfähigen Gehirn. Und diesem Umstand scheinen wir heute, durch sexuelle Selektion, unser genetisches Equipment zu verdanken."
Gerald Hüther

Mitte Juli 2011 wird in Düsseldorf, beim ersten Auswahlverfahren für den „CEO of the Future", gedreht. Beraterfirmen wie

McKinsey stellen ein wichtiges Rad im Getriebe des Machtspiels von Geld- und Wirtschaftseliten dar. Der McKinsey-Slogan lautet: „Jeder will die Besten. Deshalb will McKinsey die Außergewöhnlichen." Die Menschen sind grundsätzlich sehr skeptisch, doch das Filmen wird zugelassen – allerdings nicht bei allen Veranstaltungen. Gedreht werden darf während des offiziellen Auswahlverfahrens. Die vertraulichen Gespräche sind natürlich ausgenommen, die Topberater wollen sich keinesfalls über die Schulter schauen lassen, wenn sie die zukünftige Elite in ihre Kreise aufnehmen.

Bei den Dreharbeiten zeigt sich: Abseits der Kamera geben auch McKinsey-Leute zu, dass sie oft lieber etwas anderes machen würden, dass sie nicht alles wunderbar finden, was da läuft. Sie sind halt mit viel Geld geködert und laufen im System mit, das sie angeblich selbst gestalten

Was hier, in diesem Fünfsternehotel, zu sehen ist, wirkt ganz selbstverständlich: Wir kennen diese Frauen und Männer in ihren uniformartigen Anzügen, die sich in geschlossener Gesellschaft über Geschäfte und Finanzmärkte unterhalten, Elitethemen eben, in der festen Überzeugung zu wissen, wie es geht. McKinsey nimmt ja für sich in Anspruch, die weltweit führende Unternehmensberatung zu sein, unentwegt auf der Suche nach den besten jungen Köpfen, die formbar genug sind, die McKinsey-Slogans als oberste Gebote zu inhalieren. 9.000 Berater sind es weltweit, rund 1.300 in Deutschland, achtzig in Österreich, die in den Führungsetagen von Wirtschaft und Politik mitmischen, jedes noch so komplizierte Unterfangen locker meisternd mit den vereinfachenden Beraterstrategien: optimieren, verschlanken, Kosten senken. Alles andere wird geflissentlich ausgeklammert.

Präsentation einer Gewinner-Lösungsstrategie für Managementfragen im Kitzbüheler Grand Hotel: Hier werden Maßnahmen immer wieder neu erfunden, die zu treffen sind, damit wir, trotz Stress, Sorgen und Müdigkeit, freiwillig und gern die einzige Option wählen, die uns angeboten wird: kaufen. Aber es so offen und kaltblütig zu sehen und zu hören überrascht dann doch. Ganz frisch ausgebildete Berater erklären anhand von eindrücklichen 3D-Präsentationen, wie der Kunde durch die Gänge und Regale geführt und begleitet werden soll, als ginge es um sein Wohl.

Empathie, der für den Menschen so wichtige Begriff, wird hier auf eine erstaunliche Weise interpretiert: Man lebt sich zwar in den Kunden hinein, aber nicht um ihm zu helfen, sondern um das Geschäft anzukurbeln: „Er ist müde vom Arbeitstag und schaut oft nur über die auf der Nase bleibende Lesebrille hinaus, deshalb muss ihn die gemütliche Atmosphäre entspannen und die Organisation der Regale auf Augen- und Handgriffhöhe einladen."

Und ist es nicht befremdlich zu hören und zu sehen, wie sich junge Menschen, die sich für den „CEO oft he Future" bewerben, die Zukunft vorstellen und ganz selbstverständlich mit kriegerischen Slogans um sich werfen?

„Wie sollte Ihre ideale Top-Managerin aussehen?", fragt eine der Jurorinnen den jungen Mann im dynamischen Anzug.

„Leistungsorientiert, und alles andere ist egal."

„Egal wie?"

„Egal wie!"

„Eigentlich gibt es ja wenige böse Menschen, doch Menschen sammeln häufig im Laufe ihres Lebens nicht ausreichend Erfahrung und unterschiedliche Blickwinkel, um einen breiten Blickwinkel auf das, was sie tun und was sie verantworten, zu legen. Und ohne dass ich jetzt sage, dass Business Schools oder wirtschaftswissenschaftliche Studiengänge die Krise produziert haben, so sage ich doch, dass sie mit ein Stück den geistigen Nährboden dafür bereitet haben, denn sie haben die Welt ausschließlich wirtschaftlich erklärt, obwohl die Welt mit viel mehr als nur mit Wirtschaft zu tun hat.

Und diese breite Auseinandersetzung mit unterschiedlichen Blickwinkeln, die ist in vielen unserer Hochschulen heute nicht mehr verbreitet. Und das ist sicher etwas, wo der Blickwinkel sich so verengt, sich so zuspitzt, sodass man quasi wie im Tunnelblick auf die Welt guckt und glaubt, die Ökonomie wird's richten."

Thomas Sattelberger

„Geld zu verdienen wird in 2020/30, glaube ich, noch intensiver auf der Agenda stehen, als es jetzt schon der Fall ist", sagt eine energische junge Frau, die letztendlich im Wettbewerb zum „CEO of the Future" zur Zweitplatzierten gewählt wird. Für viele ist diese Dame sehr konform, sie entspricht genau dem, was von ihr an Aussehen, Aussagen und Verhalten erwartet wird.

Die Frage, weshalb die Jury sie zur Zweitplatzierten gewählt hat, beantwortet sie knapp, aber bestimmt: „Ich denke, dass ich neben der guten Fallstudienlösung insbesondere durch Authentizität und Persönlichkeit überzeugt habe."

Auf die Frage „Welche Rolle spielt Familiengründung bei Ihren Planungen?" antwortet sie: „Eine Familie mit Kindern ist für mich definitiv ein Muss, derzeit aber noch nicht relevant. Daher schränke ich mich in meinen beruflichen Überlegungen nicht ein. In der Zwischenzeit beobachte ich beruflich erfolgreiche Mütter und erhoffe mir inspirierende Beispiele und Vorbilder."

Die nächste CEO-Anwärterin meint: „Vielleicht sollten wir uns mal die Frage stellen, ob das nicht ein veraltetes Modell ist: Das war halt früher so, dass man Zeit mit seinen Kindern verbracht hat, doch es ändern sich eben die Zeiten." Und weiter: „Wenn du also mit 35 das erste Kind bekommst und vielleicht mit 37 das zweite – eh schon spät –, dann bist du mit vierzig sicher kein CEO!"

„Wir haben das latente Gefühl: Wir kommen beruflich grade nicht so vorwärts, weil ich als tickende Zeitbombe gesehen werde. Der Arbeitgeber fragt sich: ‚Die Frau, die ist jetzt so in dem Alter dreißig plus. Wann wird denn die schwanger?'"

Hier wohnen wir einem Auswahlverfahren bei, das uns die Elite von morgen vorführt.

Sind es weltweit so wenige Auserkorene, weil das System mit nur ein paar Drahtziehern und der großen Menge der Konsumenten funktioniert? Und ist nicht das ganze Bildungssystem danach ausgerichtet, diese Proportionen beizubehalten?

Haben nicht die CEOs von heute, die gegenwärtig wirkenden Drahtzieher unserer Gesellschaft, Interesse daran, dass das Bildungssystem und dessen Proportionen so bleiben, wie sie heute sind?

Wie sonst wäre zu erklären, dass all die jungen Menschen, die sich während dieses Wettbewerbs bemühen, noch an ein System glauben, das schon lange zeigt, dass es nicht mehr nachhaltig sein kann?

Die Wirtschaft verwendet Begriffe, die eindeutig aus der Armeesprache stammen, mit einer unglaublichen Selbstverständlichkeit. CEO steht für Chief Executive Officer. Der Begriff des Offiziers ist als militärische Rangstufe aus dem 16. und 17. Jahrhundert bezeugt. Hier werden offenbar kriegerische Konzepte in den Köpfen der Wirtschaftslenker fortgeführt, die wir gehofft hatten, mit der Katastrophe des Zweiten Weltkriegs hinter uns gelassen zu haben.

„Die heutige Ökonomie ist ja zum Teil 'ne sehr militärische, wo es um Kampf und Überleben und Niederlagen und Sieg geht, und die Systeme, die in diese Ökonomie eingreifen, diese Marktwirtschaft, die Rating-Agenturen, sie strafen ja gnadenlos ab. Und diese militärische Betrachtung von Marktwirtschaft gräbt sich dann auch in die Köpfe überwiegend junger Männer ein. Ich halte das übrigens für ein ausgesprochen maskulines Thema.

Da wird im Grunde die Welt rational zurechtgezimmert, auf simple Marktlogiken, mit Sieg und Niederlage versehen, und die persönliche Karriere drangesetzt. Eigentlich eine sehr traurige Entwicklung, weil das ja oft junge Menschen sind, die sehr viel mehr Begabungen hätten, die aber diese verengen lassen und sich selber auch nicht die Chance geben, aus dieser Verengung auszubrechen. Ich müsste eigentlich dazufügen, dass die Klosterschulen im Mittelalter, die protestantischen Universitäten des 16. Jahrhunderts oder die Humboldt'schen Universitäten im 19. Jahrhundert immer großen Wert darauf gelegt haben, eben nicht nur den Geist zu bilden, sondern auch Körper und Seele, und das Thema der Werte und des Humanismus immer was sehr Tragendes war. Das ist in diesen zum Teil grässlichen Business Schools, in denen *junge Leute lernen, heute ja überhaupt kein Thema mehr. Da wird man relativ einseitig ausgerichtet, oder gar trainiert, später für das Finanzkapital zu arbeiten, oder in Unternehmen Macht zu erwerben.*" Thomas Sattelberger

Sind diese Überbleibsel einer vom Krieg geprägten Gesellschaft in der Denkweise junger Menschen, denen in naher Zukunft leitende Positionen anvertraut werden, das, was wir uns von Führungspersönlichkeiten wünschen?

Werden diese angeblich Besten der Besten, die Verantwortungsträger in Staat, Wirtschaft und Gesellschaft sein, die wir uns wünschen sollten, da sie Entscheidungen zu treffen imstande sind, die dem Wohle aller und nicht bloß einer kleinen Elite dienen?

Oktober 2011

Am 1. Oktober enden die Sommerferien. Im Malort in Paris fängt der Betrieb wieder an. Und weil Antonin jetzt läuft, kann wiederum etwas stattfinden, wovon ich seit vierzig Jahren irgendwie träume: Mein Kind malt zum ersten Mal im Malort mit meinem Vater.

Ich bin zutiefst berührt. Antonin trägt denselben Kittel wie ich, als ich das erste Mal gemalt habe.

Zuerst geht er ein wenig herum, schaut sich den Palettentisch an, die Anwesenden etc. Es ist nichts Neues für ihn, denn ich bin oft mit ihm in meinen Armen während Malstunden hier gestanden. Neu ist, dass er selbst herumlaufen kann.

Papa befestigt an der Wand mit vier Reißnägeln ein weißes Blatt Papier auf der für ihn richtigen Höhe. Ein weißes Blatt auf der bunten Wand des Malorts ist immer wie ein offenes Fenster. Eine unwiderstehliche Einladung. Antonin zögert nicht. Er weiß sofort, dass dieses Blatt sein Raum ist – inmitten des Malorts, den er mit allen anderen teilt.

Er schaut das weiße Blatt an. Und ohne jegliche Einführung geht er an den Palettentisch und holt sich einen Pinsel. Papa hilft ihm dabei, ich habe ihn tausendmal erlebt, wie er die kleine Hand

kleiner Kinder in seine Hand nimmt, den Pinsel gut positioniert, damit er nicht wackelt, und mit dem Kind ganz zart die Spitze des Pinsels in den Wasserbecher und anschließend in die Farbe eintaucht. Dann begleitet er Antonin einige Schritte, bis er seinem Blatt gegenübersteht, und lässt ihn los. Antonin geht an sein Blatt und macht die ersten Spuren. Er drückt nicht, er reibt nicht. Nur wenige Spuren – dann zieht ihn das Spiel mit dem Eintauchen wieder an, er geht an den Palettentisch, direkt zur Farbe, die er auf dem Pinsel hat. Papa ist überall mit Töpfen, Blättern, Schemeln, Reißnägeln beschäftigt, aber sobald Antonin am Palettentisch steht, ist er da und hilft ihm wieder beim Eintauchen. Nach einer Viertelstunde ist Antonin erschöpft. Bevor er geht, steht er noch eine Minute am Palettentisch und schaut den anderen Malenden zu, die sich in einem geschmeidigen Tanzspiel ständig kurz hier treffen, weil jeder immer wieder Pinsel und Farbe holt.

Ende Oktober 2011
Herbst in Le Pas. Noch ganz milde Tage, die wir viel im Freien verbringen. Im tiefen Gras oder auf unebenem Boden geht Antonin nicht allein, er bleibt stehen und wartet, bis wir ihm eine Hand geben. Das tun wir auch immer, und dann geht er weiter. Ich habe beobachtet, dass viele Eltern in solchen Fällen die Hand nicht geben, oder nicht sofort. Sie versuchen zuerst, das Kind zu „motivieren", damit es sich „überwindet": *Ach, das bisschen Gras schaffst du schon, sonst lernst du es nie!* Wenn Antonin das Signal sendet, dass er sich jetzt an einer Hand halten will, dann ist es keine Laune oder Faulheit seinerseits. Er ist gerade mitten in einem wichtigen Prozess. Ich weiß nicht, in welchem, aber ich weiß, dass er wichtig ist.

In einem Schubkarren – in Schubkarren will er immer transportiert werden, dabei macht er unentwegt das Motorengeräusch – findet er einen Haufen frisch geernteter Äpfel. Er spielt damit, dreht sie

in seinen kleinen Händen, schaut sie von allen Seiten an. Es gehört zu seiner Selbstverständlichkeit und das freut mich. Dann beißt er in den Apfel und isst ihn.
Er spielt viel mit Erde, Steinchen, Holzstücken, Blumen. Er leert alle Töpfe und Körbe aus, in denen Maman mühsam die kleinen Steine sammelt, die sie im Garten findet. Dann gibt er sie Stück für Stück wieder hinein. Manchmal helfen wir ihm dabei, damit keine Steinchen herumliegen, wenn wir gehen. Er hilft Papa beim Jäten. Bei jeder Handvoll Unkraut, die Papa auf den Haufen schmeißt, sagt Antonin „Bumm" und lacht. Sie wiederholen das Spiel – beide – unermüdlich.
Wir pendeln viel zwischen Le Pas und Paris. In der Großstadt gibt es nicht viele Möglichkeiten für Kinder, im Freien zu spielen oder sich zu bewegen. Immerhin gibt es in unserer Nähe einen kleinen Park. Zwar nicht sehr grün, nicht sehr groß, nicht sehr schön, zwischen Hochhäusern eingekeilt, aber ohne Autos, ohne Asphalt und ohne gestresste Menschen. An Werktagen sind dort nur Tagesmütter mit kleinen Kindern und großen Kinderwagen anzutreffen. Ich bin immer der einzige Mann hier – und erst noch mit dem eigenen Kind. Antonin hat die kleine Rutschbahn entdeckt und spielt gern damit. Anfangs mit helfender Hand, bald ohne. Oft sind wir allein hier, dann kann er die Rutschbahn auch umgekehrt besteigen, was er sehr gern tut, aber angeblich bei den anderen Kindern und in Wirklichkeit bei den Damen, die sie hüten, „schlecht angesehen ist".
Um viertel vor sechs schließt der Park leider schon. Da wir Antonin beim Mittagschlaf nicht wecken und er danach immer zuerst Obst isst, bevor wir aus dem Haus gehen, kann es manchmal zu spät werden. Wir gehen nicht hin, wenn nur eine halbe Stunde übrig bleibt. Wir haben es ein Mal gemacht, und es war für Antonin zu dramatisch, das Spiel auf der Rutschbahn frühzeitig unterbrechen zu müssen.
Als Alternative habe ich das ziemlich vernachlässigte Dach von einem der Nebengebäude des Gare Montparnasse entdeckt

(einer der Pariser Bahnhöfe – wir wohnen in seiner Nähe, weil die Züge nach Le Pas von dort aus fahren). Es dient als Langzeitparkplatz für die Autos der Mitarbeiter. Eigentlich ist es eine riesige Terrasse inmitten der Großstadt, die über die unzähligen Bahngleise vorspringt. Es ist erstaunlich friedlich hier, und wenn die Sonne untergeht, sogar magisch. Wir spielen gern da. Vor allem sehen wir den ankommenden oder in der Ferne verschwindenden Zügen zu. Oft steht Antonin dabei auf dem Geländer der Terrasse, und ich halte ihn an den Beinen. Wenn ein Zug nah genug fährt, dass man das typische, regelmäßige, tiefe „Tak-tak" der eisernen Räder an einer Schienenlücke hört, tanzt er im entsprechenden Rhythmus, federt nach seiner Gewohnheit geschmeidig mit den Beinen.

November 2011
Wenn wir in Paris sind, geht er regelmäßig in den Malort. Er hat immer mehr Ausdauer und malt oft zwei Blätter. Wenn er mitkriegt, dass eine Malortstunde stattfindet und wir ihn noch nicht entsprechend vorbereitet haben, wird er ganz unruhig, geht an die Tür und versucht, sie zu öffnen, wartet auf seinen Kittel, ist nicht mehr zurückzuhalten; er will malen gehen.
Oft sitzt Antonin vor der Webcam und kommuniziert mit Maman, die in Le Pas bleibt. Dass er seine Großmutter in einem Computer sehen und hören kann, dass sie ihn manchmal auf diese Weise „hütet", während er die Trauben aus dem Garten isst und wir gerade in einem anderen Zimmer beschäftigt sind, gehört zu seinen Selbstverständlichkeiten. Der Umgang mit Touch-Displays auch. Mit einem Finger durch virtuelle Bilderalben blättern ist für diese Generation ganz natürlich. Das wird all diesen Kindern von niemandem beigebracht.

Alle Gegenstände, die sich drehen lassen, bringt er mit einem Finger zum Drehen. Er hat eine ganze Kunst entwickelt; oder sogar zwei Künste. Die eine betrifft Gegenstände, die er wie

eine Kurbel dreht: Ob Taschentücherpackung, länglicher Bauklotz oder Löffel, er legt den Zeigefinger an das eine Ende und macht eine kreisende Bewegung. Die andere Kunst betrifft runde Gegenstände: Marmeladengläser, kleine Teller und am liebsten Deckel. Er legt den Finger etwas gebogen am Rand an und lässt auf diese Weise das Drehen entstehen. Bei höheren Dingen wie Marmeladengläsern verlangt es eine wirklich ausgearbeitete Geschicklichkeit, damit der Gegenstand nicht außer Kontrolle gerät und umkippt oder vom Tischrand fällt.
Oft stellt er eines seiner Autos auf die Seite und spielt ähnlich mit einem so waagrecht gewordenen Rad.
Er entwickelt sogar ein Spiel, das mich am Anfang „schockiert": Er stellt das Auto auf den Kopf und lässt es auf dem Dach herumwirbeln. Für mich ist ein umgekehrtes Auto ein etwas makabres Bild, zumal durch dieses Spiel das Dach viele Kratzer bekommen könnte – aber für Antonin ist es eindeutig anders und ich möchte ihm meine Sicht keinesfalls überstülpen.
Das „Motorenbrummeln" ist bei all diesen Drehspielen natürlich immer zu hören.

In Le Pas mache ich Haufen mit welken Blättern; Antonin ist immer dabei, spielt darin, damit, daneben. Manches Mal macht er meine Haufen wieder ganz platt und ich muss sie wieder zusammenrechen.
Sehr milde Novembertage. Erdbeeren sind weiterhin im Garten zu finden – Antonin liebt es, diese zu pflücken und an Ort und Stelle zu essen. Er geht, wie jeden Tag, an das Beet, in dem die Beeren wachsen, aber heute findet er keine mehr. „Jajiön" *(y'a rien, il n'y a rien* = nichts gibt es), sagt er.
Sein Wortschatz umfasst inzwischen also: „Papa" (das sagt er übrigens auch zu meinem Papa, und das lassen wir ohne Weiteres geschehen; Antonin ist das erste mir bekannte Kind, das von zwei Männern gleichzeitig eine Antwort bekommt, wenn es „Papa" ruft!), „Moma", „Tata" („Tata" ist im Französischen ein

Kosename für „Tante", aber er sagt es zu Eléonore und zu meiner Maman), „chat", „glü" und ab heute „jajiön". Es ist erstaunlich, wie viel man mit diesen paar Wörtern und einigen weiteren Klängen und Gebärden kommunizieren kann!

Wir haben für Antonin eine DVD von „Figaros Hochzeit" besorgt. Er schaut sie auch sehr gern an. Aber nur gewisse Szenen. Danach wird er unruhig und will was anderes. „On change", sagt er, „man wechsle!" ... Er will vor allem immer wieder die Ouvertüre anschauen, weil man das Orchester und den Dirigenten sieht. Ende November sitzt er mit Pauline in einem Sessel, sie hören sich gemeinsam den Sturm in Beethovens 6. Sinfonie an. Plötzlich fängt Antonin an, wie ein Dirigent zu gestikulieren: mit erhobenen Händen und ausdrucksvollen Bewegungen, immer ganz genau dem Rhythmus und der Stimmung der Musik nach. Anzeichen davon hat es schon vereinzelt gegeben, und es hätten jeweils „bloße" Reaktionen auf die Emotionen der Musik sein können. Aber heute „dirigiert" er unverkennbar das Orchester. Er ist so beteiligt, dass er aufstehen und stehend, quasi in einem Tanz, die Musik anhören und begleiten muss. Nachher ist er ganz müde.

Dezember 2011
In Le Pas setzte ich ihn einmal auf den Fahrersitz unseres im Hof geparkten Autos. Er spielt ganzkörperlich, Fahrer zu sein. Er hält das Lenkrad, er erreicht alle Knöpfe, er imitiert natürlich alle Motorengeräusche. Die Genauigkeit seiner Nachahmung zeigt, wie still, unbemerkt, aber gründlich er von seinem Kindersitz aus alles beobachtet hat. Es ist schwierig, ihn aus dem Auto herauszubekommen, und in den nächsten Tagen wird es zu seinem Lieblingsspiel. Oft fordert er ganz demonstrativ, dass einer von uns auf dem Beifahrersitz Platz nimmt.

Wir spielen viel draußen. Antonin trägt im Moment einen Mantel, den Eléonore in seinem Alter getragen hat. Ich sehe sie noch

darin vor mir. Von hinten, mit der Kapuze, könnte das sie sein; das sind Bilder, die mir ganz vertraut sind. Erstaunlich und erfrischend, mehr als dreißig Jahre später.
Heute spielen wir ein neues Spiel. Antonin holt Äste und bringt sie mir, damit ich sie zu Stäben zerkleinere. Ich breche sie mit einem Fuß am Boden oder überm Knie und sage dabei: „Oh, c'est dur." Ab da erwartet er diesen Satz bei jedem Ast, den er bringt. Und er wird ab da auch bei allem, was schwer zu transportieren oder schwierig zu öffnen ist, „dur" sagen – „hart".
Bald haben wir einen ganzen Haufen ziemlich gleichmäßiger Stäbe.
Ich habe einen in der Hand. Er nimmt ihn und läuft bis zum Wegrand. Dann steht er eine Sekunde dort, schaut das Wasser im Graben an und schmeißt den Stab entschlossen hinein. Wie in Avignon mit der Platanenrinde schaut er ihm einige Sekunden nach, dann kehrt er kleinen Schrittes zurück zu mir. Ich gebe ihm den nächsten Stab, und er wiederholt den Vorgang exakt. Kleine Schritte bis zum Wegrand, hineinschauen, hineinwerfen, nachsehen, kleine Schritte zurück zu mir – ich habe wieder einen Stab in der Hand für ihn parat.
Dieses Spiel wiederholen wir mindestens eine halbe Stunde lang, bis er müde wird.

Ich vergleiche nicht – ich vergleiche nie –, aber auf dem Weg nach Hause fällt mir eine kürzlich erlebte Szene wieder ein.
Wir haben ein Kind mit seinem Vater beobachtet. Das Kind las ein welkes Blatt vom Boden auf und wollte es, vom Vater an der Hand geführt, in den nahe gelegenen Bach fallen lassen.
Dann wollte das Kind wieder unter den Baum, ein Blatt auflesen, und wieder zum Bach begleitet werden, um dort das neue Blatt in den Bach zu werfen.
Nach drei Runden wollte der Vater nicht mehr: „Komm, nicht schon wieder! Lass uns lieber mit deinem Bagger spielen." Das

Kind schrie. Der Vater sagte: "Ach, du willst wieder deinen Dickkopf durchsetzen!"

Diejenigen, die nach Abwechslung trachten, sind nicht die Kinder, sondern die Erwachsenen, mit ihrer regelmäßigen Unbeständigkeit. Wenn man sie nicht „organisiert", wenn man sie in ihrem Zustand der Begeisterung von Anfang an nicht stört, zeichnen sich Kinder durch eine Vorliebe für Wiederholungen aus.

Und wenn man die Wiederholungen eines Kindes vorurteilslos beobachtet, merkt man, dass jede von ihnen eine kleine Evolution enthält.

Die im Dunkeln sieht man nicht

*„… zwei große Grunderfahrungen bringt jeder Mensch mit auf die Welt, und die möchte er auch ständig weiter in seinem Leben verwirklichen. Die eine Grunderfahrung aus dieser vorgeburtlichen Zeit heißt: Ich bin verbunden und ich möchte auch weiter verbunden bleiben. Die zweite Grunderfahrung heißt: Ich bin bisher immer über mich hinausgewachsen, und deshalb hat man die Erwartung, dass es draußen im Leben als Kind auch funktioniert, dass man weiter über sich hinauswachsen kann …
… bedauerlicherweise ist es so schwer, beides unter einen Hut zu bekommen. Denn, um weiter verbunden sein zu dürfen und weiter über sich hinauswachsen zu dürfen, gibt es nur ein Prinzip, wie das verwirklichbar ist, und dieses Prinzip heißt Liebe! Die Liebe ermöglicht es, weiter wachsen zu dürfen und weiter verbunden bleiben zu dürfen, und Kinder, die diese Liebe bekommen haben, haben optimale Voraussetzungen, um ihr Gehirn in dieser komplexen Weise nutzen zu dürfen. Kinder, die das nicht haben, müssen dann erst mal versuchen, diese Sicherheit zu finden, und sind gezwungen, ihr Gehirn für ganz bestimmte Bewältigungsstrategien einsetzen zu müssen …"*
Gerald Hüther

In der Dortmunder Nordstadt sind alle Probleme, die ein Stadtviertel nur haben kann, massiv vorzufinden: Arbeitslosigkeit, Armut, viele Migranten und eng damit verknüpft: Drogen, Prostitution und Gewalt. Ein sogenannter Brennpunkt eben. Nach Angaben der Kommune haben zwei Drittel der rund 55.000 Einwohner des Viertels Migrationshintergrund. Mehr als jeder dritte Einwohner lebt von Hartz IV. Die Arbeitslosenquote beträgt rund 25 Prozent.

Die Nordstadt ist seit ihrer Entstehung im Zuge der Industrialisierung im Ruhrgebiet, wo einst mächtige Hochöfen standen und die reichsten Industriellenfamilien, die Krupps, Hoeschs und Thyssens, residierten, traditionell das Zuhause der Unterschicht, die früher in dieser Gegend, wie auch sonst in Deutschland, noch ausreichend Arbeit hatte. Doch die Jobs für Leute ohne fundierte Ausbildung sind weg. Die Unterschicht ist überflüssig geworden und wird von der Gesellschaft auch genau so behandelt. Und immer mehr rutschen ab.

In Deutschland, dem reichsten Land der europäischen Union gibt es über vier Millionen Menschen mit sogenannten Ein-Euro-Jobs, in die Menschen gedrängt werden, damit sie aus der Arbeitslosenstatistik rausfallen. Das ist gut für die Politik, um Wahlen zu gewinnen, weniger gut für die Menschen, die davon betroffen sind.

„We have this intellectual apartheid running through education. And so, lots of people try to defend it or to repair it."
Sir Ken Robinson

Hier treffen wir Patrick. Er ist jung, Anfang zwanzig und sympathisch und erinnert an den jungen Robert De Niro, klein, o-beinig, unruhig, immer in Bewegung, sehr clever. Nicht umsonst ist er Boxer: ein Kämpfertyp.

Zu kämpfen hatte er in seinem Leben schon viel, denn wie die meisten in seinem Milieu hat er von zu Hause wenig Unterstützung erfahren, musste sich schon früh selbst durchschlagen. Trotzdem hat er den Hauptschulabschluss geschafft, sogar mit gutem Notendurchschnitt. Darauf ist er stolz. Doch das allein genügte nicht, um nach der Schule einen Ausbildungsplatz zu bekommen. Am Arbeitsamt hieß es, für Leute wie ihn gäbe es nicht so einfach eine Lehrstelle. Er solle sich zuerst mal bei mindestens drei Leihfirmen bewerben. So begann seine Karriere mit schlechten Jobs, von denen keiner leben kann. Auch Patrick nicht. Immer wieder hat er versucht, einen richtigen Ausbildungsplatz zu bekommen, konnte nicht glauben, dass das für ihn nicht klappen sollte.

Eigentlich wollte er Bäcker werden, eine Familie gründen, frühmorgens arbeiten, um später am Tag Zeit zu haben für Frau und Kind. Denn ihnen wollte er geben, was er nicht bekommen hatte: Zeit und Aufmerksamkeit. Das sind bisher Träume geblieben. Momentan befindet sich Patrick in einer sogenannten Maßnahme, er arbeitet für wenig Geld bei einer Sicherheitsfirma und bewacht den Weihnachtsmarkt oder Großkaufhäuser, besucht einmal die Woche das Berufskolleg zur Berufsvorbereitung, das heißt: er sollte es besuchen, wenn es nach seiner Bildungsberaterin ginge, doch Patrick geht so gut wie nie dorthin. Wozu auch? Es sind sinnlose Stunden, man lernt dort nichts, sitzt die Zeit ab, Anwesenheit ist alles. Patrick erklärt uns: „Die Maßnahme ist ja bloß dazu da, die Arbeitslosenstatistik zu beschönigen. Wir sind ja keine Menschen für die Politiker, wir sind ja nur Statistiken und Zahlen."

Es ist schwierig bis unmöglich, unter solchen Bedingungen die Kreativität in sich zu wecken, die es ermöglichen würde, aus

diesem Teufelskreis auszubrechen und eigene Lösungen oder gar eigene Jobs zu erfinden.

„And this is deep in the gene pool of public education, that there are really two types of people: academic and non academic; smart people and non smart people. And the consequence of that is that many brilliant people think they're not, because they're being judged against this particular view of the mind. So we have twin pillars: economic and intellectual. This model has caused chaos in many people's lives. It has been great for some: there are people who benefitted wonderfully from it. But most people have not, and it has created a massive problem." Sir Ken Robinson

Als armutsgefährdet gilt, wer mit weniger als sechzig Prozent des Durchschnittseinkommens auskommen muss. 2011 lag die Armutsgefährdungsgrenze deutschlandweit bei 952 Euro und betraf rund zehn Millionen Menschen, die Armutsschwelle in Österreich liegt derzeit bei einem Einkommen von 1.066 Euro und betrifft rund dreizehn Prozent, also rund eine Million Menschen.

In den vergangenen Jahrzehnten hat die Unterschicht eigene Lebensformen entwickelt mit eigenen Verhaltensweisen, eigenen Werten und eigenen Vorbildern: die Unterschichtskultur. Von den politisch Mächtigen ist niemand wirklich interessiert, daran irgendetwas zu ändern!

Der Unterschicht fehlt es nicht nur an Geld, sondern an Hoffnung und dadurch an Kreativität. Und vor allem an funktionierenden Beziehungen. Die Jugendlichen, die große Schwierigkeiten haben, eine Arbeitsstelle zu finden, die sich schwertun in der Schule und/oder im Leben, haben, wie sich zeigt, eigentlich ohne Ausnahme immer auch traumatische Beziehungsbrüche erlebt.

Der Grund, warum sie so oft in schlechten Schulen oder ohne Arbeitsplatz dastehen, hat wenig mit Intelligenz als vielmehr mit der sozialen Herkunft zu tun. Was ihnen fehlt, sind stabile Beziehungen, Erwachsene, die ihnen Halt und Unterstützung geben. Die Jugendlichen sind weitgehend auf sich gestellt und daher zu sehr von Problemlösungen beansprucht, als dass sie sich auf Lerninhalte konzentrieren könnten oder gar ihr Potenzial entfalten.

„*Alles, was die Beziehungsfähigkeit von Menschen verbessert, dient der Entwicklung des menschlichen Gehirns. Alles, was die Beziehungsfähigkeit unterminiert, wirkt sich negativ auf die Entwicklung des Gehirns und ebenso auf die Gemeinschaft aus.*"
Gerald Hüther

Erste Dreharbeiten mit Patrick in Dortmund: Zufällig erleben wir live ein Telefonat mit dem Arbeitsamt.

Patrick versucht dem Anrufer verständlich zu machen, dass er von dem Geld, das er in der berufsvorbereitenden Maßnahme bekommt, kaum leben kann. Miete, Strom, Fahrkarten, schon ist sein bescheidener Lohn aufgebraucht, wie soll er sich noch Möbel für die kleine Wohnung kaufen, wo das Geld kaum noch für Lebensmittel reicht? „Soll ich jetzt die Maßnahme abbrechen, damit ich leben kann? Ich will doch einen vernünftigen Kühlschrank haben", sagt er, „keinen, der innen gelb und schon ganz verschimmelt ist." Doch den Mann am anderen Ende der Telefonleitung scheint das wenig zu interessieren. Er hat Patrick mitzuteilen, dass ihm nicht mehr an Transferleistung zusteht und er auch keine einmalige Wohnbeihilfe bekommt, die er vor kurzem beantragt hat.

Patrick sitzt in der leeren Wohnung ganz aufgelöst. Wie schon oft.

In solchen Momenten hat ihn immer wieder sein Boxsack gerettet, der in einer kleinen Garage eines Freundes hängt. Hier kann er seine Wut in Hochleistung umwandeln. Er war Bezirksmeister, Westfalenmeister, Westdeutscher Meister. Dann eine Verletzung und das frühe Ende einer erfolgversprechenden Sportkarriere.

„Wenn ich boxe, sind die Probleme weg. Kaum hab ich die Sporthalle verlassen, sind sie wieder da, oder spätestens am nächsten Tag."

Wo sollte in dieser Situation Inspiration für Neues entstehen? Es gibt hier keinen Platz dafür!

Am Abend zieht Patrick seine Uniform an. Er macht es gewissenhaft; Hemd, Krawatte, Jacke. Gleich sieht er wie alle Security-Männer aus. Das ist sein Ein-Euro-Job. Es wird ihm die Verantwortung gegeben – und diese nimmt er ernst –, für die Sicherheit einer Gesellschaft zu sorgen, für die Erhaltung eben dieses Systems, das seine eigene Entfaltung verunmöglicht.

Es zerreißt ihn manches Mal. Wenn er die alte Dame anzeigen muss, die er im Supermarkt erwischt hat. Obwohl alles mit siebzig Prozent Rabatt angeboten wurde, hat sie versucht, eine Winterjacke zu klauen, weil sie fror und kein Geld hatte. Sie tat ihm so leid, er wollte sie am liebsten laufen lassen, trotzdem musste er unerbittlich bleiben und sie anzeigen. „Keine Chance! Es war schon hart vom Menschlichen her", sagt er, „es war ja nicht die einzige Frau, die ich erwischt hab, bloß es war die Frau, die mir am meisten leidtat. Doch ich musste eine Anzeige machen, es ist ja mein Job. Ich will ja am Ende eine Lehrstelle bekommen und später hoffentlich eine Anstellung. Damit könnte ich zur Bundeswehr, das wäre eine gute Empfehlung."

Mitte Dezember 2011
Zum Geburtstag bekommt Antonin von Maman ein kleines Holz-Fahrrad. Es ist eines ohne Pedale, das uns mehr überzeugt hat als eines mit kleinen Stützrädern. Er aber sieht es anders als erwartet. Auf dem Rad sitzen und mit beiden Füßen fahren zieht ihn überhaupt nicht an. Er möchte das Fahrzeug umgekehrt haben, auf Sattel und Lenkstange gestellt, mit den sehr schönen Reifen nach oben. So lassen sich die Räder frei drehen, und das ist genau, was er möchte. Mit lautem Motorengeräusch dabei.

Einen Teil der Weihnachtszeit verbringen wir bei Paulines Eltern in der Bretagne. Auch hier herrschen erstaunlich milde Temperaturen. Wir gehen oft an den Strand. Dort spielt er lange mit Muscheln und Steinen. Er sitzt und macht ganz systematisch kleine Haufen. Dann wirft er die angesammelten Stücke wieder weg und macht neue Haufen.

Wo Antonin im Haus ist, hören wir immer am fortwährenden Motorengeräusch, das er summt. Wir haben drei Haupttypen von Motorengeräuschen erkannt: Gegenstände, die er als Fahrzeuge schiebt, sind eindeutig. Bei Gegenständen, die er dreht, gibt es eine Unterscheidung: diejenigen, die er wie eine Kurbel in verschiedenen Geschwindigkeiten spult, haben mit der Waschmaschine zu tun. Gegenstände, die er auf ihrer Achse dreht und dabei bewegt, sind mit dem Staubsaugerroboter verbunden. Er geht damit auch ganz zart an die Wände und an Hindernisse heran, wendet und schiebt sie bis zum nächsten Rand.

Januar 2012
Jeden Tag will Antonin am Abend auf die Straße gehen und den Müllwagen sehen. Wir laufen dem Fahrzeug Schritt für Schritt nach. Er beobachtet ganz genau, wie die Müllmänner die grünen Tonnen anbringen und welcher Mechanismus diese dann nach

oben zieht und kopfunter in den Lastwagen kippt. Antonin entgeht keine einzige Handlung, er ist hochkonzentriert.
In unserem Quartier ist er ein Highlight für die Müllmänner. Sie kennen ihn alle, winken von weitem schon, fragen immer: „Ça va?", und machen für ihn ihre Arbeit mit besonderer Geschicklichkeit. Wir können am Abend gar nicht mehr auf die Straße gehen, ohne dass jeder Fahrer von jedem Müllwagen freudig hupt und grüßt, sobald sich Antonin blicken lässt. Er lacht.
Ich merke jedes Mal, dass er dabei zwei Erfahrungen macht. Die erste ist eine wahre Sozialisation. Er erlebt diese Männer und sie ihn, ohne an irgendwelche sozialen Kriterien zu denken. Sie freuen sich gemeinsam. Die zweite Erfahrung ist, dass Antonin und diese Männer in gegenseitiger Wertschätzung aufeinander zugehen, ohne sich Fragen zu stellen. Antonin bleibt die vernichtende Hierarchie zwischen den Berufen erspart. Er wird nie den Beruf eines Müllarbeiters geringschätzen, er wird nie denken, dass Arzt oder Anwalt besser sind, dass es „gute" und „schlechte" Berufe gibt, dass es welche gibt, die einem einen besseren Stand im Leben ermöglichen oder ein Zeichen von brillanterer Karriere sind.
Wie anders wäre es auf Erden, wenn alle Berufe als schätzenswert betrachtet würden! Es könnte sich jeder als unentbehrlich fühlen, jeder dürfte seine Arbeit in ehrlicher Begeisterung und in stolzer Kompetenz ausüben, und die Vernetzung zwischen den Berufen und Kompetenzen wäre lebendig, weil jeder seine für die Gesellschaft wichtige Rolle spielte, seinen nützlichen Platz im Ganzen hätte, ohne sich als weniger wichtig und erfolgreich zu betrachten, weil er Müllarbeiter ist und nicht Architekt.

29. Januar 2012
Heute hören wir im Radio zufällig eine uns unbekannte Version von Figaros „Se vuol ballare, Signor Contino". Antonin, der das Stück in einer anderen Version auf seiner DVD nur ein paar Mal

gehört hat, reagiert ganz stark. Und diesmal *ist* er ganz körperlich Dirigent. Ein umwerfender Moment. Ich sage bewusst, „ist Dirigent" und nicht „spielt, Dirigent zu sein". Denn er imitiert nicht, er erlebt das Geschehen in all den Fasern seines Wesens, mit einer direkten, organischen Beteiligung. Die Emotionen, die Nuancen der Musik – von leise zu ganz laut, von langsam zu ganz schnell – werden von seinem Körper, von seinem Gesicht, von seinen Bewegungen und von ein paar Lauten, die er dabei von sich gibt, unmittelbar übernommen.

2. März 2012
Heute Morgen, ohne Vorbereitung, hat Antonin angefangen, laut vor sich hin zu zählen: „Deuuuux, quaaaaaat, sissssss." Warum die geraden? Warum diese drei Zahlen? Warum überhaupt Zahlen? Keine Ahnung. Werden wir auch wohl nie wissen. Sobald er irgendwie merkt, dass jemand zählt, oder wenn er in einem Gespräch wahrnimmt, dass jemand eine Zahl sagt, wiederholt er beschwingt: „Deuuuux, quaaaaaat, sissssss."
Und unsere Begeisterung über unerwartete, natürliche Prozesse, unsere Rührung über diese seine Freude, unser Interesse für diese selbstbestimmte Entwicklung stehen uns wohl ins Gesicht geschrieben.
Später kommt eine beflissene Person aus der „anderen Welt" hinzu und ist schockiert von unserer Begeisterung: „Ihr könnt ihn doch nicht in einer schlechten Gewohnheit belassen und sogar unterstützen! Er zählt nicht richtig, und er spricht die Zahlen falsch aus! Ihr müsst ihm das richtige Zählen zeigen! Antonin, komm mal her: eins, zwei, drei, vier, fünf, sechs!" Antonin antwortet: „Deuuuux, quaaaaaat, sissssss." – „Nein, nein!! Eins, zwei, drei, vier, fünf, sechs!"
Antonin ist auf Schiene. Wir sind seine primären Referenzpersonen. Er hat unser „grünes Licht" für diese seine spontane Entwicklung von Anfang an erhalten und bleibt bei sich. „Deuuuux, quaaaaaat, sissssss."

Aber diese Haltung ist allgemein verbreitet. Wäre diese Person aus der „anderen Welt" Antonins primäre Referenzperson, würde er immer mehr auf die eigenen Impulse und Prozesse verzichten und jene übernehmen, die bei seinen primären Referenzpersonen gut ankommen.

„Das Bedürfnis nach Verbundenheit mit diesen Personen ist so stark", sagt Gerald Hüther, „dass die Kinder bereit sind, all das als bedeutsam für sich selbst zu bewerten, was diese Menschen für wichtig halten."
Zu welcher Achtung, zu welchem Respekt und Vorsicht diese Tatsache uns einlädt! Aber statt festzustellen, wie viele neue, unerwartete Dinge das kleine Kind täglich entdeckt und tut, statt von der Voraussetzung auszugehen, dass das Kind die Dinge so will oder braucht, wie sie sind, meinen die meisten Menschen aus der „anderen Welt", dass die Dinge so sind, weil das Kind unfähig ist, sie „besser" zu gestalten, sprich: ihren erwachsenen Vorstellungen entsprechend. Und sie sind hochmotiviert, den Lehrer zu spielen, das Kind zurechtzuweisen und vor seiner von ihnen diagnostizierten Inkompetenz zu retten. Damit beweisen sie genau das Gegenteil: dass *sie* vollkommen inkompetent sind. Vor dieser arroganten Inkompetenz wollen wir Antonin schützen. Bei der nächsten Stufe seines Fortschritts im Zählen wollen wir uns sicher sein, dass sie aus einem inneren Bedürfnis entstanden ist, und kein Resultat dieser zwar gut gemeinten, aber in unseren Augen gefährdenden Beeinflussung ist.

Antonin will immer mehr YouTube-Videos von Orchesterstücken sehen und hören.
Zu Karajan scheint er eine besondere Beziehung zu haben. Die von ihm dirigierte „Egmont"-Ouvertüre von Beethoven verlangt er jeden Tag. Dabei „dirigiert" er, wie er es nun immer tut, wenn irgendwo Musik erklingt. Es ist eine Form von Tanz, dieselbe organische Reaktion, die er bisher bei jeder Musik zeigte, indem er mit den Beinen im Rhythmus federte. Seit einiger Zeit äußert

sie sich in der „Dirigenten-Form", die davon geprägt ist, dass er so oft Dirigenten ansieht.
Der letzte Satz von Antonín Dvořáks 9. Sinfonie – den wir als Video eines Tages wegen Karajan finden – nimmt ihn beim ersten Anhören so sehr mit, dass vor Anspannung seine erhobenen Hände mit gespreizten Fingern, sein ernster Gesichtsausdruck und sein ganzer Körper richtiggehend erbeben. Würden wir ihn und seine Begeisterung nicht kennen, wäre dieser Anblick einer so direkten, umfassenden Teilnahme beunruhigend.
Am eindrücklichsten zeigt sich die Wirkung von Musik auf ihn bei der „Coriolan"-Ouvertüre von Beethoven. Diese finden wir eines Abends auf YouTube und er will sie mehrmals anhören.
Ich merke zuerst nichts – Pauline probt gerade im Süden, ich bin allein mit ihm in unserer kleinen Wohnung in Paris, bade ihn, bereite ihn vor und lege ihn in unser großes Bett. Das alltägliche Einschlafritual ... aber ab diesem Punkt macht er nicht mehr mit. Er singt die ersten, ganz unruhigen Takte von „Coriolan" und „dirigiert" dabei auf dem Rücken nicht nur mit den Armen, sondern auch mit den Beinen, die er so energisch schwingt, dass das ganze Bett mitspringt.
Er kann lange nicht schlafen.
Ich entscheide, dass wir ihm „Coriolan" am Abend nicht mehr zeigen.
Es ist das erste Mal, dass Antonin Musik nachsingt.

Die geschlossene Angstgesellschaft

*„Wir sind immer oben
und wenn wir einmal unten sind, ist unten oben."*
Otto M. Zykan

Ich bin gern auf dieser Welt und mir ist durch und durch klar, welch großes Geschenk das Leben ist. Aber eines hat mich gestört, seit ich mich erinnern kann, und es stört mich nach wie vor: die sinnlose Angst, die einen immer wieder überfällt. Ich meine nicht die Angst, die man hat, wenn man in der Nacht durch einen finsteren Wald geht, oder die Angst vor Naturgewalten, vor Stürmen und Hochwassern, ich meine die Angst, die nicht naturgegeben ist, die bewusst oder unbewusst den Menschen anerzogen und gemacht wird. Ich möchte nicht wissen, wie viele Menschen überall auf diesem schönen Planeten mit Angst leben müssen! Angst, weil sie knapp bei Kasse sind, Angst vor dem Verlust des Arbeitsplatzes, Angst vor schlechten Schulnoten. Oder Angst, nicht dazuzugehören, ausgestoßen zu werden, nicht den Erwartungen zu entsprechen. Diese Angst zieht sich durch alle sozialen Schichten, und sie ist in den Jahren des Wohlstands interessanterweise größer geworden.

Die Hirnforschung zeigt, dass das Gefühl, ausgegrenzt zu sein, nicht dazuzugehören, nicht angenommen zu werden, im Gehirn genau dieselben Netzwerke aktiviert wie bei körperlichem Schmerz.

Im Herbst 2009 wurde ich – für mich sehr überraschend – zu einem „Begabten-Kongress" nach Salzburg eingeladen. Ich sollte gemeinsam mit wenigen anderen Auserwählten über meinen Werdegang sprechen, und da „alphabet" als Projekt schon geboren war, nahm ich die Einladung an. Es interessierte mich, was Menschen, die einen solchen Kongress organisieren und ins Leben rufen, unter „begabt" verstehen und wie sie Begabung definieren. Es amüsierte mich auch ein wenig, dass sie unter anderen ausgerechnet mich auserwählt hatten, einen, der in der Schule sehr durchschnittliche Leistungen erbracht hat, und ich glaube, es gibt wenige Lehrer, die sich gern an mich als Schüler erinnern. In meiner Schulzeit tauchte bedrohlich oft das Bild einfacher Werkzeuge wie Schaufel oder Spitzhacke als Metapher für mein zukünftiges Berufsleben auf.

Ich fuhr nach Salzburg und fand mich auf einem Podium wieder gemeinsam mit einer bekannten österreichischen Klimaforscherin (mit ihr habe ich mich gleich gut verstanden), mit einem Extrembergsteiger und mit der Vizerektorin der Wiener Wirtschaftsuniversität, an der ich erst kürzlich mit dem Rektor diese denkwürdige Begegnung in dessen Arbeitszimmer hatte. Die Veranstaltung war gut organisiert und moderiert, und ich erfuhr allerlei interessante Details aus dem Leben meiner Mitmenschen auf dem Podium. In der Schlussrunde wurden wir gefragt, worauf es denn im Leben ankomme, und ich erlaubte mir zu sagen, so viel wie möglich glücklich zu sein und sich den Luxus einer eigenen Meinung zu leisten! Worauf mich die Vizerektorin mit großen Augen anschaute und fragte: „Und was machen wir dann mit all den glücklichen Menschen?"

Nun, glücklich sahen sie bei weitem nicht aus, die Kandidaten des Wettbewerbs „CEO of the future", denen wir während unserer drei Drehblöcke in Düsseldorf, Hamburg und schließlich Kitzbühel begegnet sind. Allesamt hatten sie eine Ausbildung an einer Wirtschafts- oder sonstigen Universität hinter sich und wurden noch dafür trainiert, getrimmt und ausgewählt, um in den Zirkel der Führungseliten aufgenommen zu werden, um dort Zukunft zu gestalten, Zukunft, die uns alle betreffen wird.

Allerdings: Wohin soll denn dieser Weg führen, welches Ziel kann durch Angst, Stress und nicht vorhandene Work-Life-Balance erreicht werden? Schöne Kleider, schnelle Autos, gut bewachte Villen hier; zerstörte Landschaften, ausgemergelte Menschen dort, wo sie produzieren lassen, auf der anderen Seite des Globus. Wir müssen wettbewerbsfähig bleiben, also Löhne runter. Das erzeugt wieder Angst und Unglück auf der anderen Seite der sozialen Leiter, dort, wo genauso clevere, junge Menschen wie die CEO-Kandidaten mittels staatlich geförderter Beihilfe in Pseudouniformen gesteckt werden und zu „Fachkräften für Schutz und Sicherheit" ausgebildet werden.

Unworte, bei denen sich Patricks Zunge zu Recht verknotet, wenn er sie ausspricht, wenn er erklärt, was er hier tut, was er erlernt, was einmal sein Beruf sein wird. Ein Berufsbild, das es vor zwanzig Jahren noch gar nicht gab und das eine Gesellschaft, die sich selbst nicht mehr traut, mangels originellerer Lösungen erfindet.

Patrick bewacht nicht nur die Obergeschosse der Kaufhäuser, wohin die CEO-Kandidaten die Kunden für Spontankäufe locken wollen, er bewacht auch die Villen der Eliten. Er verdient dabei so wenig, dass er sich nur jene Billigprodukte leisten kann, die vom anderen Ende des Globus herangekarrt werden und die er abwechselnd bewachen oder konsumieren muss. Dabei träumt er, um sich zu trösten und sein Gemisch aus Angst und Wut zu besänftigen, davon, auch einmal in so einer Villa zu wohnen. Aber wovon träumen eigentlich die in der gesicherten Villa? Vielleicht vom Marketing: „Geht's der Wirtschaft gut, geht's allen gut!" – ein Slogan aus der Welt der Abhängigkeit, aber nicht der Verbundenheit, ein Wahlspruch aus der geschlossenen Angstgesellschaft. Erst wenn wir begreifen, wenn uns wirklich klar wird, das wir alle im selben Boot sitzen, dass es kein zweites Raumschiff Erde gibt und wie genial dieses eine konstruiert ist und für alle genug Möglichkeiten bietet, erst dann werden wir vielleicht beginnen, damit aufzuhören, uns gegenseitig Angst zu machen.

„Wie absurd dieses Modell der Konkurrenz ist, die man angeblich braucht, damit man lebensfähig und entwicklungsfähig bleibt, das sieht man ja schon allein daran, wenn man sich vorstellt, was das plötzlich für eine Situation wäre, wenn in meinem Körper die Lunge gegen die Leber anfangen würde zu kämpfen, und jeder dem anderen zeigen wollte, wer das bessere Organ ist. So kann eine menschliche Gemeinschaft nicht funktionieren!

Worauf es also ankommt, wenn diese menschliche Gemeinschaft sich wirklich gemeinsam auf den Weg machen will, ist, dass sie zusammenwirkt. Dass jeder auf seine besondere Weise mit seinen besonderen Begabungen und mit seinen im Laufe des Lebens erworbenen Spezialisierungen zum Gelingen des Ganzen beiträgt. Auch hier wieder das Problem: Wenn man nicht weiß, was eigentlich gelingen soll, ist es schwer herauszufinden, wie man eigentlich zusammenwirken könnte." Gerald Hüther

Mitte März 2012

Wir sind in Le Pas. Nach einem kurzen und heftigen Winter ist es wieder Frühling. Antonin kann wieder draußen spielen, ohne dass wir ihn zuerst dick anziehen müssen.

Wenn wir aus dem Haus gehen, schreitet er immer zuerst eine Runde um das Auto herum. Er betrachtet und berührt alle Formen der Karosserie.

Eines Morgens bleibt er beim Nummerschild stehen. Er betrachtet es intensiver als sonst. Wir merken: Die Zahlen interessieren ihn. 2 und 4 erkennt er aus einem uns unbekannten Grund schon eine Weile, aber da sind andere. Er dreht sich ein erstes Mal zu Maman um. Wir sagen nichts, also schaut er die Zahlen und Buchstaben auf dem Schild weiter an. Dann zeigt er mit dem Finger auf die 5 und dreht sich so eindeutig zu Maman, dass sie antwortet: „Cinq." Antonins Augen sind sehr konzentriert. Er wendet sich nochmals dem Nummerschild zu, zeigt auf die 3 und dreht sich wieder um. „Trois", sagt Maman. Dann dreht er sich nicht mehr um; er schaut die Zeichen an, zeigt auf sie und wartet auf den von uns ausgesprochenen Namen. Er spielt lange, berührt dieselben Buchstaben oder Zahlen mehrmals, geht zum nächsten, kommt zurück, als ob er bestätigt bekommen wollte, dass immer dieselben Zeichen denselben Namen tragen …
Dann geht er um das Auto herum und spielt dasselbe Spiel mit dem Schild vorne. Da muss er sich hinkauern, denn die Tafel ist niedriger angebracht. Er geht wieder alle Buchstaben und Zahlen durch und lässt sie von uns Stück für Stück benennen. Auch uns packen das Spiel und die Begeisterung.
Dann sieht er auf der Haube das Markenschild. Das erinnert mich an unsere Spaziergänge in Avignon auf dem Platz hinter dem Theater, als er die Automarkenschilder so aufmerksam beobachtete und berührte. Jetzt zeigt er darauf mit derselben fragenden Bewegung wie bei den Zeichen auf dem Nummernschild. „H", sagt Maman.

Jetzt geht Antonin alle Zeichen auf dem Nummernschild durch und fügt dieses H hinzu.
Dann ist er müde und will weitergehen, auf dem Weg sind Steinchen und eine Pfütze, die ihn zu einem anderen Spiel einladen.

Eine Woche geht vorüber, das Spiel wird regelmäßig wiederholt. Merkwürdigerweise scheinen Buchstaben und Zahlen, die anderswo als auf dem Autonummernschild stehen, Antonin nicht zu interessieren.
Eines Morgens geht er wie üblich alle Buchstaben und Zahlen der vorderen Tafel mit dem Zeigefinger durch, Pauline spricht entsprechend die Namen aus. Dann zeigt er auf das H auf der Haube und sagt selbst ganz laut: „H!"
Uns stockt der Atem.
Oder war es gerade ein Zufall?
Nein. Jedes Mal geht er jetzt bewusst auf das H zu und ruft den Namen ganz laut aus. Auf die anderen Zahlen und Buchstaben deutet er weiterhin mit dem Finger und wartet auf unsere Antwort. In den Stunden und Tagen darauf wird sich das Spiel so entwickeln, dass er nun von allen H, die er im Alltag antrifft, den Namen ganz laut ausspricht. Er hat also doch wahrgenommen, dass sie überall um ihn herum zu sehen sind, die Buchstaben ...

4. April 2012
Heute bleibt er vor einem Wasserflaschen-Sechserpack sitzen. Er sucht nach einem H, findet aber keines. Dann entscheidet er, mit dem Finger auf die anderen Buchstaben zu zeigen und mich aufzufordern, sie auszusprechen. Hier sind ganz viele Buchstaben anzutreffen, die nicht auf dem Nummernschild stehen. Auffallend ist, dass er nur jeweils die Großbuchstaben aussucht. Wir spielen zehn Minuten wie gewohnt. Dann zeigt er auf ein U und sagt ganz begeistert: „UUUUU!"
Und weiter geht er die Buchstaben durch, die er nicht kennt. Jetzt bin ich „gewarnt" und baue immer eine kleine Verzögerung ein,

bevor ich den Namen sage, damit er ihn gegebenenfalls selbst aussprechen kann. Beim M passiert es auch plötzlich, er ruft den Namen aus, bevor ich es tue.
Jetzt sucht er überall im Haus nach H, U und M.
Auf dem Mixer zum Beispiel ist ein M, so klein, dass ich es nicht wahrgenommen hätte. Antonin schon.
Übrigens: W ist auch M ...

7. April 2012
Das Spiel mit dem Buchstaben ist momentan dominierend. Er kennt jetzt ein Dutzend Buchstaben und ein paar Zahlen.
Zum gewohnten Spiel, sie im Alltag zu finden und zu benennen, gesellt sich ab heute eine neue Variante, die sich von selbst entwickelt hat.
Er steht neben Papa, der gerade schreibt, und beobachtet ihn still. „H", sagt er aber plötzlich.
Papa lacht, legt sein Blatt auf die Seite, nimmt ein neues und zeichnet darauf ganz deutlich ein H. Antonin ruft den Namen freudig aus.
Und dann sagte er: „'ncore!" (*encore* = noch mehr)
Da Papa die Buchstaben ganz genau kennt, die zu Antonins Sammlung gehören – wir leben ja zusammen und erleben diese Entwicklungen gemeinsam –, zeichnet er sie einen nach dem anderen: I, U, O, A, 6, S, 8 ... Wir führen ganz bewusst nichts ein, das er nicht schon kennt.
Antonins Freude, „seine" Buchstaben zu erkennen und zu benennen, die ganz speziell für ihn von seinem Großvater in diesem starken, gemeinsamen Erlebnis gezeichnet werden, ist umwerfend. Diese ganzkörperliche Begeisterung ist begleitet von einer alles umfassenden Konzentration und einer immer wieder packenden Ernsthaftigkeit.

Werdegang einer guten Schülerin

Ich hätte leitende Angestellte bei McKinsey werden können. Ich war eine gute Schülerin und hatte mein Studium für Handelswissenschaften an einer prestigeträchtigen Universität abgeschlossen. Doch ich lernte bestimmte Menschen kennen, begeisterte mich für anderes, begann mir mancher Dinge bewusst zu werden, Vertrauen zu fassen, und all das ließ mich einen anderen Weg einschlagen.

Ich habe nicht deshalb eine universitäre Ausbildung gemacht, weil ich ein persönliches Interesse für mein Studium hatte, sondern weil man es von mir erwartete.

Ich war eine gute Schülerin. In diesem Zusammenhang erinnere ich mich immer an einen Satz von Catherine Baker, der mich sehr beeindruckte, als ich ihn das erste Mal las: *„Als ich klein war, dachte ich, ich würde die Schule lieben (es gibt junge Soldaten, die die Armee mögen …); in Wirklichkeit lernte ich gern und man hatte mir weisgemacht, dass ich das nur dort könnte – ich war so leichtgläubig."*

Ich erinnere mich, dass auch ich gern in die Schule ging, vor allen Dingen in jenen Jahren, in denen der Lehrer „gut", also großzügig, offen und geduldig war.

Schon damals stand ich nicht gern früh auf, doch ich ging gern zur Schule, weil ich dachte, dass es kein anderes Mittel gäbe, Wissen zu erlangen, und das war mir wichtig.

Ich habe an ganz unterschiedlichen Orten gelebt, in großen und kleinen Städten, am Meer, in tropischen Ländern, in den Bergen und in den Vororten von Paris. Jedes Mal, wenn ich die

Schule wechselte, brauchte ich eine mehr oder weniger lange und schmerzhafte Zeit der Anpassung und Eingewöhnung. Der Begriff „öffentlicher Dienst" war im Leben meiner Eltern von zentraler Bedeutung. Obwohl sie praktizierende Katholiken waren, schickten sie uns kaum je in eine jener Privatschulen mit Öffentlichkeitsrecht. Ich habe Schulen auf dem Land und prestigeträchtige Gymnasien kennengelernt, war in der Unterstufe in einer „schwierigen" Schule in einem „sensiblen" Gebiet und einmal sogar in einer Schule, die von Klosterschwestern geleitet und in der Schuluniformen getragen wurden.

Im Laufe der Jahre machte ich die klassische Schullaufbahn durch, war eine gute Schülerin unter den mittelmäßigen und eine mittelmäßige Schülerin unter den guten.

Als die gefürchtete Zeit kam, mich für einen bestimmten Zweig zu entscheiden, war ich gut genug, um das auswählen zu können, was mir gefiel. Ich wollte Literatur und Sprache machen und hätte somit den geisteswissenschaftlichen Zweig wählen können. Ich wollte jedoch auch etwas über das Räderwerk der Gesellschaft und die großen wirtschaftlichen Systeme erfahren, und dann hätte ich den Zweig „Wirtschaft & Sozialkunde" wählen müssen. Aber was wusste ich mit sechzehn Jahren schon von dem Beruf, den ich später ausüben wollte? Da ich mir unsicher war und keine bestimmte Berufung in mir verspürte, legte man mir nahe, den naturwissenschaftlichen Zweig zu wählen, weil man dort eine exzellente Ausbildung bekomme, die mir alle Wege öffnen würde, sogar jenen der Geisteswissenschaft oder der Wirtschaft, denn die anderen Zweige würden mir, so sagte man, viel weniger Türen öffnen.

Also entschied ich mich für den naturwissenschaftlichen Zweig. Mitten im Schuljahr übersiedelten wir erneut und ich kam aus einer Klasse mit durchschnittlichem Niveau, in der ich eine gute Schülerin gewesen war, in eine „Hochbegabtenklasse", in der ich abfiel. Das führte am Ende des Jahres zu einer Neuorientierung, ich wiederholte das Jahr, um in den Wirtschaftszweig umsteigen zu können, wo ich mich wieder fing und die Matura relativ gut bestand.

Was interessierte mich in jenen Jahren des Gymnasiums, außer dem Unterricht, den ich ja besuchen musste, und den Mitschülerinnen und -schülern, die ich für mein Sozialleben brauchte, noch? Sport nicht, jedenfalls nicht in der Form, wie er mir angeboten wurde, wo man Matches gewinnen, Punkte sammeln, Wettbewerbe machen, Trainings über sich ergehen und Herausforderungen annehmen musste. Das war wirklich nichts für mich.

Auch Musik zog mich nicht an, schon gar nicht, nachdem ich meinen Geigenlehrer nach einem weiteren Umzug wieder wechseln musste. Ich spielte dieses Instrument ohne wirkliche Begeisterung zehn Jahre lang, in Musikschulen und Konservatorien, wie eine Disziplin, die man mir auferlegte, aber niemals war es eine Entfaltung für mich.

Das Einzige, was mir neben meinen KollegInnen in diesen Jahren wichtig war, war Theater. Schon zu jener Zeit war Theater für mich mehr als ein einfaches Interesse, ich begann eine Leidenschaft dafür zu entwickeln. Zwei Jahre lang wirkte ich selbst im Rahmen einer Laiengruppe in meinem Gymnasium mit.

Ich engagierte mich mit Leib und Seele. Die anderen Mitglieder der Gruppe waren nicht so begeistert und oft nur halbherzig dabei; Absagen in letzter Minute, die in dieser Art von informeller Struktur unvermeidlich waren, trafen mich schwer. Es mag übertrieben scheinen, doch in diesen Augenblicken war es, als ob mein Leben vom Gelingen des Stücks abhinge, mein Engagement und meine Erwartungen übertrafen alles, was ich bis dahin auf anderen Gebieten erlebt hatte.

In meinem letzten Schuljahr hatte ich manchmal heftige Diskussionen mit meinen Eltern, vor allen Dingen mit meinem Vater, der nicht verstand, dass ich nicht mehr Ehrgeiz an den Tag legte: „Aber was willst du eigentlich machen im Leben, was interessiert dich? Theater? Schön und gut, aber damit wirst du dein Brot nicht verdienen können. Also studiere etwas, denn die Fähigkeiten dazu hast du, und wenn du willst, kannst du danach noch immer Theater spielen. Dann kannst du zumindest deinen Lebensunterhalt verdienen, was auch immer passiert."

Diese Überlegungen hatten ihre eigene Logik. Die Logik des akademischen Erfolgs. Eine Logik der Rentabilität, eine Absicherungslogik, wie es ein „Elitewesen", wie ich es fast geworden wäre, ausdrücken würde.

Damals in der Schule hatte ich eine Tür zu dem geöffnet, wo ich wirklich in meinem „Element" war, um den Ausdruck zu verwenden, der im Titel des Buches von Sir Ken Robinson vorkommt. Und ich hatte erfahren, dass es stimmt, was der Titel dieses Buches behauptet, dass es nämlich „alles ändert, wenn man seine Leidenschaft findet".

Allerdings muss man noch die fatale, in der Schule erworbene Gewohnheit ablegen, sich nach dem zu richten, von dem wir glauben, dass die anderen es von uns erwarten, anstatt uns für das zu entscheiden, was gut für uns ist. Und das kann dauern.

Mit achtzehn war ich noch nicht so weit.

Brav folgte ich zwei Jahre lang dieser Logik der Nützlichkeit. Ich hörte mit dem Theater auf, bereitete mich auf die Studienaufnahmetests vor, machte sie und erwarb das Recht, auf eine Eliteuniversität für Wirtschaft in Paris zu gehen.

Bei Semesterbeginn freute ich mich wahnsinnig, endlich wieder Theater spielen zu können, denn an der Universität gab es eine höchst aktive Theatergruppe. Dort traf ich Menschen, die ebenso begeistert waren wie ich. Dank unseres professionellen Regisseurs erlernte ich die Grundlagen des Schauspielerberufs. Durch die Bekanntschaften, die durch unsere Stücke entstanden, entdeckte ich eine andere Art von Theater. Es eröffnete sich mir eine zweite Tür zu einer Welt, die noch viel größer war, als ich mir je träumen hätte lassen.

Drei Jahre verbrachte ich an einem Scheideweg. Mir war klar, dass mein Studium der Handelswissenschaften mir es zwar ermöglichte, interessante Dinge zu lernen, aber keinerlei tieferem Interesse meinerseits entsprach. Ich spürte, dass Theater und die Arbeit als Schauspielerin lebensnotwendig für mich wurden. Aber schließlich musste man „ja sein Geld verdienen" und ich hatte ja „sowieso nicht das notwendige Talent". All dies sind Worte, welche die Angst maskieren, sich auf einen Weg zu machen, auf dem man scheitern könnte, wo es keine Wegweiser gibt, auf einer Straße, wo man nicht immer weiß, „was man tun soll". Während dieser drei Jahre auf der Universität wurde das Theater zu meiner wichtigsten Beschäftigung und alles andere trat in den Hintergrund.

Ich erinnere mich noch an den Tag kurz vor dem Ende meines letzten Studienjahres, an dem meine Eltern die Noten zugeschickt bekamen. Theatralisch öffnete mein Vater den großen Umschlag und sah sich den Inhalt an. Mit einem Lächeln stellte er fest, dass meine Noten in allen Gegenständen eher mittelmäßig waren, außer in jenen, die direkt oder indirekt mit Theater oder Kino zu tun hatten: der Bericht über das Praktikum im Theater, das ich im ersten Jahr gemacht hatte, Kulturmanagement, Medienmanagement, Geschichte des europäischen Kinos, mein Studienabschlussbericht über den Markt des indischen Kinos etc.

Als ich mein Master-2-Diplom in der Tasche hatte, fand ich eine Anstellung in einem Multimediaunternehmen. Ich trat meine erste „wirkliche" bezahlte Arbeit an.

Am Ende dieses letzten Studienjahres lernte ich über die Freunde aus der Theatergruppe jemanden mit einem einzigartigen Werdegang kennen und freundete mich mit ihm an. Ohne irgendein Diplom zu haben, übte er unter anderem den Beruf eines

Musikers und Komponisten aus. Er schrieb Musik für Tanz und Theater. Er arbeitete mit einem Regisseur zusammen, der viele Jahre für die Theatergruppe meiner Universität tätig gewesen war. Gemeinsam hatten sie begonnen, ein Theaterstück zu schreiben, und suchten nun nach einer Schauspielerin, welche die einzige Figur des Stücks verkörpern sollte.

Am selben Tag, an dem ich den Arbeitsvertrag in dem Unternehmen unterzeichnete, boten sie mir die Rolle an. Ich glaube, ich zögerte keine Sekunde, bevor ich Ja sagte. Wenn diese beiden Profis, deren Arbeit ich kannte und schätzte, mich für fähig hielten, diese Rolle zu spielen, dann würde ich es tun. Während eines Jahres arbeiteten wir zusammen an diesem Stück. Nicht dass die Arbeit leicht gewesen wäre, aber unser Vertrauen und unser Enthusiasmus waren so tief, dass diese Anstrengungen nicht zählten.

Ein weiteres Mal hatte ich eine Tür aufgestoßen, doch diese Tür führte nun zu einer realen Welt.

Ich hatte auch einen Punkt überschritten, ab dem eine Umkehr nur mehr schwer möglich war: Wie hätte ich noch in eine Laiengruppe zurückgehen können, nachdem ich die Anforderungen, die Strenge und die Unnachgiebigkeit eines Berufs kennengelernt hatte, den man mit Leidenschaft ausübt?

Mehrere Jahre lang lebte ich ein Doppelleben und verfolgte eine Doppelkarriere, aber nach und nach gab ich meinen Brotverdienst auf und widmete mich ausschließlich dem Theater.

Ich bereue meine Entscheidung nicht.

Es tut mir auch nicht leid, dass meine Eltern mich dazu anhielten, eine Universitätsausbildung zu machen. Diese Entscheidung hat mich zu dem Wesen gemacht, das ich heute bin.

Dennoch frage ich mich oft, was anders geworden wäre, wenn meine Eltern mir gegenüber eine andere Haltung eingenommen hätten. Wenn ich an die ganze Energie und das Geld denke, die für ein Studium aufgewendet wurden, das mir nicht entsprach, wenn ich mir überlege, wie viel Zeit ich verlor, in der ich mich etwas anderem widmen hätte können, in der ich mich vielleicht auf eine Aufnahmeprüfung in ein Konservatorium vorbereiten oder zumindest woanders sein hätte können als auf dieser Universität, wo ich mich langweilte und ständig woanders sein wollte ...

Wenn ich heute arbeite oder spiele, langweile ich mich nie, niemals habe ich Lust, woanders zu sein. Die Ambition, die mir mit achtzehn Jahren fehlte, weil das Wort hohl für mich klang, bekam für mich einen neuen Sinn, sobald ich einen Raum entdeckte, der mir angemessen war.

Als ich die Universität verließ und ins aktive Berufsleben eintrat, und in noch viel größerem Maße, als ich meine Berufslaufbahn änderte, spürte ich, wie sich mein Horizont erweiterte, ich traf Menschen, die anders dachten und handelten als jene, die ich bei meinem Studium oder in dem Unternehmen kennengelernt hatte.

Diese Treffen, die mit Menschen aus Fleisch und Blut oder aus Tinte und auf Papier stattfanden, waren der Anstoß für eine weitere Entwicklung meines Bewusstseins und Selbstvertrauens. Die Konditionierung, die meinen Schulerfolg möglich gemacht hatte, fiel nach und nach ab. Früher ganz klare Grenzen wie jene zwischen Körper und Geist, der Arbeit mit Händen und dem Kopf, zwischen verschiedenen Bereichen des Denkens, zwischen dem, wofür ich „begabt" war, und dem, was mir „nicht lag", verwischten sich. Kultur, Bildung, Landwirtschaft, Ernährung – ich riss die Mauern zwischen den verschiedenen Bereichen ein, setzte sie in Beziehung zueinander, traf neue Entscheidungen. Ich kam auf die Idee, meine Kinder nicht in die Schule zu schicken, auf dem Land zu leben, auf das Fleisch von Tieren für meine und die Ernährung meiner Familie zu verzichten.

Selbstverständlich ließen die Reaktionen aus meiner Umgebung nicht auf sich warten – man begegnete mir mit Unverständnis, Besorgnis, Misstrauen und sogar Ablehnung. Manchmal fürchtete ich diese Reaktionen so sehr, dass ich mich nicht sofort dazu entschließen konnte, mich klar zu meinen neuen Überzeugungen zu bekennen.

Allerdings wurde mir schnell eine einfache, aber essenzielle Tatsache klar: dass es nämlich immer besser ist, sich so zu zeigen, wie man ist, als so, wie die anderen einen gern hätten.

Als mir das klar wurde, wurde die Angst geringer und verlor schließlich ihre Grundlage. Da meine Entscheidungen keine Launen, sondern das Ergebnis lang gereifter Überlegungen waren, weil sie auf starken und aufrichtigen Überzeugungen beruhten, würden meine Entscheidungen schließlich von meiner Umgebung akzeptiert werden. Und wenn dies nicht der Fall war, dann ging ich lieber das Risiko ein, zu missfallen, als auf meine Integrität zu verzichten.

In Catherine Bakers Buch sagt diese zu ihrer Tochter: *„Ich würde furchtbar gern auf einem Planeten leben, wo die Menschen – Kinder und Erwachsene – versuchen, ihre Träume wahr werden zu lassen. Kannst du dir vorstellen, wie spannend das wäre? Wir bekämen Filme von den einen, Kuchen von den anderen, Philosophie, Musik, Wissenschaften, Milliarden von Träumen ..."*

Ich hätte leitende Angestellte bei McKinsey werden können. Ich habe einen Traum, meinen Traum, kennengelernt, ich habe mich angeklammert und hart gearbeitet. Heute ist dieser Traum Wirklichkeit geworden.

Pauline Stern

April 2012
Seit einem Monat ist Pauline fünf Tage in der Woche mit Proben und Vorarbeiten für das große Theaterstück „Jeanne Dark" im Süden Frankreichs beschäftigt. Neue Gewohnheiten sind entstanden. Es ist eine Sache der Organisation. Wir haben lange im Vorfeld geplant, damit ich bis Juni fast keine Termine im Ausland habe. 36 Stunden werde ich weg sein müssen, aber Papa, Maman und Eléonore sind da. Antonin und ich sind viel zu zweit, er schläft jede Nacht neben mir – sein regelmäßiger Atem wiegt mich jeden Abend in den Schlaf – und wir versuchen, mehr Zeit in Le Pas als in Paris zu verbringen. Während der zehn Tage des gewohnten Frühlings-Ausbildungskurses von Papa – den ich jeweils begleite, und der in unseren Pariser Räumlichkeiten stattfindet – finden wir auch einen gut funktionierenden Tagesablauf. Wir stehen früh auf, damit wir immer pünktlich um neun Uhr am Kursort sind – unsere kleine Wohnung ist im Haus gegenüber, die ganze Familie Stern wohnt in Paris in einem Umkreis von fünfzig Metern –, und empfangen die Kursteilnehmer; wir haben ein Ritual erfunden, damit er nach jedem Mittagessen in meinen Armen einschläft; er malt bei jeder Maleinheit und sorgt dabei für viel Unterhaltung. Auch ist er einfach sehr gern unter bunten Menschen. Während des Kurses sind immer ganz viele da, die ihm in den Pausen ihre Aufmerksamkeit widmen und kleine Geschenke bringen.

Wenn wir in der Stadt unterwegs sind, gibt es überall Buchstaben und Zahlen zu sehen, und das ist für Antonin besonders wichtig. Jetzt kennt er alle Buchstaben beim Namen. Er bleibt auf der Straße immer wieder stehen, um sie auf Plakaten oder Ladenschildern zu „lesen". Die großformatigen Werbungen bei den Bushaltestellen sind besonders geeignet, weil sie auf der richtigen Höhe sind. Einmal nehmen wir erst den nächsten Bus, weil Antonin gerade so intensiv mit seinem Großvater die Buchstaben auf dem Plakat aufsucht, dass wir die Unterbrechung durch das Einsteigen in den anhaltenden Bus lieber vermeiden.

Während des Kurses beobachtet eine Montessori-Anhängerin das Spiel mit den Buchstaben und sagt mir, dass es den montessorischen „sensiblen Perioden" nach schlecht und falsch sei, den Namen der Buchstaben zu sagen. Ich sollte ihren Klang sagen, „Fffff" und nicht „Effff", „Rrrrr" und nicht „Errrr" – sonst würde ich ihm das Lesen erschweren. Mir gehen solche total künstlichen Vorstellungen und all diese angeblichen „Perioden" und „Zusammenhänge" von Frau Montessori, Frau Dolto oder wem auch immer dermaßen gegen den Strich! Jede neutrale Beobachtung widerlegt sie restlos! Gnädige Dame, Antonin geht es bei diesem Spiel nicht ums Lesen, ihm geht es um den Namen von Buchstaben als Gegenständen: Das ist das, was ihn momentan leidenschaftlich interessiert.

Dann, argumentiert sie als treue Anhängerin, sollte man mindestens die Montessori-Buchstaben nehmen, mit der Oberfläche aus Samt und Schleifpapier, damit das Kind eine sensorielle Erfahrung macht – denn es sei gerade in dieser oder jener „sensiblen Phase". Gnädige Dame, ihm geht es darum, diese Buchstaben im Alltag dort zu finden, wo sie gerade stehen! Dazu wäre jedes von außen auferlegte Material fremd, künstlich, ablenkend, der Realität des Kindes vollkommen unangepasst – und völlig überflüssig. Ihre Absicht mag nett sein, aber sie würde mit der aufsprudelnden Begeisterung des Kindes einfach nutzlos und sinnlos interferieren!

Und das betrifft nur dieses kleine Thema „Umgang mit Buchstaben". Es gibt einen ganzen Montessori-Katalog, und in jedem Bereich mache ich dieselbe Feststellung. Nachher fragt man mich, warum ich die Montessori-Methode für keine Neuerung der Bildungslandschaft halte …

Sensorielle Erfahrungen? In Le Pas bleibt Antonin bei jedem Vogelgesang stehen; er spielt mit Blumen, Grashalmen, Löwenzahnachänen; er streichelt unseren Kater, fühlt den Wind, kostet

Beeren, zieht lange Äste hinter sich her, wirft Steinchen und Blätter von der Brücke in den kleinen Bach – und zählt dabei mit: „Un, deux, trois, quatre, cinq, six ..." – und betrachtet ganz aufmerksam Hirschkäfer-Maden oder große Käfer in der Hand seines Großvaters.

Von der Verzweckung der Kindheit

„The ideology of education was written large, and that's the problem!"
Sir Ken Robinson

Gehen wir davon aus, dass Eltern ihre Kinder lieben und nur das Beste für sie wollen. Aber was ist das, das Beste? Oder anders gefragt, wer bestimmt, welchem Zweck die Kindheit gewidmet ist? Um welche Werte, Überzeugungen und Ziele geht es da, die der Gestaltung der Kindheit zugrunde liegen? Die Krux dabei ist, dass die Ergebnisse dieser Gestaltung erst in der Zukunft überprüft werden können.

„Wann ist die Schule erfunden worden? Zu einer Zeit, als es darum ging, Menschen auf standardisierte Arbeitsprozesse vorzubereiten. Die Leute kamen vom Land, es ging darum, wie können wir da ein bisschen Disziplin reinbringen, dass die Leute morgens pünktlich ankommen, Arbeitsschritte ausführen und Anweisungen befolgen können. All das waren die Paradigmen der Industriegesellschaft. Jemand überlegt sich, was zu tun ist, und wir trainieren viele Leute dafür, dass sie dann später das umsetzen."
Andreas Schleicher

Seit der Einführung der Schule hat sich die Auffassung, wie Kindheit aussehen soll, radikal geändert. Abhärtung, Ordnung und Disziplin galten lange Zeit als oberste Maximen, ebenso wie Unterordnung und Duldsamkeit. All das kam aus der Überzeugung, diese Tugenden würden für die Zukunft der Kinder und der Gesellschaft, in die sie hineinwachsen, unerlässliche Vorteile mit sich bringen.

Noch heute gebrauchen wir Redewendungen, die aus dieser Zeit der Kaiserreiche und der Diktaturen stammen: den Kindern das richtige Rüstzeug mitgeben, damit sie dem Ernst des Lebens bestens gewappnet begegnen können.

Der Erziehungszweck der Kinder stand also auch immer wie eine Windrose im Luftzug der herrschenden Ideologien und Machtverhältnisse, und nicht nur im Einfluss der Elternliebe.

Immer waren es auch Vorbilder, die die Grundlagen der Bildung prägten, und diese Vorbilder waren und sind oft nur eine Zeit- und Modeerscheinung. So galt ab dem zweiten Drittel des vorigen Jahrhunderts der Aufstieg der Wirtschaftsmacht Japan vielen als leuchtendes Beispiel, wie eine moderne Marktwirtschaft und ein ihr zugrunde liegendes Bildungssystem zu funktionieren hat. Der angeblich einflussreichste Managementdenker aller Zeiten, Peter Drucker, fasste es damals so zusammen: „Das Geheimnis der Japaner ist eben, dass sie arbeiten und nicht Vorträge darüber halten."

Und heute, wie sieht es heute aus?

Heute ist Japan ein krisengeschütteltes Land und leidet unter enormer Staatsverschuldung. Die Vorbildfunktion ist unterdessen auf China übergegangen, einzig und allein des Wirtschaftswachstums wegen. Und Andreas Schleicher, der im Auftrag der OECD das PISA-Ranking ins Leben gerufen hat, sagt heute über China: „Wenn Sie auf China schauen, die Menschen leben mit der Veränderung, die sehen darin neue Chancen, die sehen in jeder neuen Lücke eine neue Möglichkeit, kreativ tätig zu werden, und ich glaube, diese Fähigkeit ist uns abhandengekommen."

Was ist es genau, was unseren Kindern auf dem Weg in eine erfolgreiche Zukunft verloren geht, abgesehen von einer Kindheit, die diesen Namen verdient?

Die Freude am Leben an sich, weil sie schon sehr früh spüren, dass sie für einen Geschäftszweck abgerichtet werden, und das am besten ab den ganz frühen Jahren. Kinder brauchen für ihre

Entwicklung bekanntlich vor allem zwei Dinge: verlässliche und funktionierende Beziehungen und die Möglichkeit, aus sich heraus wirksam zu sein. Wie es bei den funktionierenden Beziehungen in Zeiten von Patchworkfamilien bestellt ist, mag jeder bei sich selbst überprüfen, und viele Möglichkeiten, aus sich selbst wirksam zu sein, wird ein Vierjähriger wohl nicht vorfinden, wenn er mit den Programmen der Früherziehung betäubt wird.

Der geheime Lehrplan im Zeitalter der globalisierten Marktwirtschaft heißt Standortsicherung und Wettbewerbsfähigkeit auf dem Weg zur Wissensgesellschaft.

Das neue Bildungsparadigma heißt kognitive Kompetenzen und das Werbekürzel dazu MINT (Mathematik, Informatik, Naturwissenschaften und Technik). Aber werden alle Kinder in der Zukunft Teil der Wissensgesellschaft sein, werden sie alle ihren beruflichen Alltag damit verbringen, von früh bis spät Wissensarbeiter zu sein? Wer wird dann die lebenswichtigen Aufgaben der Pflege und Versorgung bewerkstelligen, wer wird noch ein Kind versorgen, ein Brot backen oder einen Tisch machen wollen? Die, die auf dem Weg zum Wissensarbeiter gescheitert und frustriert worden sind, die ihr Leben lang den Stempel des Versagens in sich tragen und mit aberwitzigen Gehältern abgespeist werden für ihren lebenserhaltenden Beitrag?

Bäcker ist ein niedrig entlohnter Beruf. Dabei stellt ein Bäcker etwas her, das nicht nur lebenserhaltend ist, sondern in unserer christlichen Tradition hohe Symbolkraft hat: Brot. Finanzjongleure, die mit Weizen und anderen Grundnahrungsmitteln an den Börsen spekulieren, kassieren nicht nur das Tausendfache eines Bäckergehalts, sie gefährden mit ihrem unverantwortlichen, aber gewinnbringenden Tun die Lebensmittelsicherheit und erzeugen so Hunger und Hungertode.

Wir leben in einer total falsch konditionierten Welt, sagte schon der Architekt und Visionär Richard Buckminster Fuller in den fünfziger Jahren des vorigen Jahrhunderts, und er wird weder der Erste noch der Letzte gewesen sein, der dies feststellen muss.

„Die Gesellschaft nimmt an, die Spezialisierung sei natürlich, unvermeidlich und wünschenswert. Aber wir beobachten bei einem kleinen Kind, dass es an allem interessiert ist und im spontanen Auffassen, Begreifen und Koordinieren seinen Erfahrungsschatz ständig erweitert. Nichts scheint für das menschliche Leben charakteristischer zu sein als das Bedürfnis, alles zu verstehen und alles in einen Zusammenhang zu bringen. Eines der wichtigsten Motive des Menschen ist es, zu verstehen und verstanden zu werden." Richard Buckminster Fuller

Anfang Mai 2012

In Toulouse sind Paulines Proben vorbei: Jetzt führen sie und die zwei anderen Schauspielerinnen jeden Abend „Jeanne Dark" auf. Antonin und ich sind in Paris, aber wir fliegen am 7. Mai auch nach Toulouse, um dort mit Pauline, Giancarlo und den anderen die letzte Woche dieser Auftrittsreihe zu erleben.
Ich konnte in den Tagen davor die Reise relativ gründlich vorbereiten. Es ist Antonins dritter Flug und er ist jetzt groß genug, um einen eigenen Sitzplatz am Fenster zu bekommen. Das aber führt zu einem unerwarteten Problem: Beim Start muss er auf seinem Sessel sitzen und angegurtet bleiben; beim letzten Mal saß er auf unserem Schoß und konnte somit nach draußen schauen. Das kleine ovale Fenster des Airbus ist aber zu hoch für ihn, wenn er allein auf dem Sitz installiert ist, und er sieht nichts – das verzweifelt ihn umso mehr, als er das Gefühl hat, dass ich ihn nicht verstehe: Ich kann ihm aber nicht helfen, kann ihn nicht auf den Schoß nehmen oder aufstehen lassen – für den Start sind die Anweisungen des Bordpersonals ganz strikt.
Er weint. Eine Seltenheit. Sehr unschöne Situation.
Das nächste Mal werde ich ein aufblasbares Kissen kaufen.
Nach dem Start, wenn ich ihn wieder auf den Schoß nehmen darf, kann er den Flug irgendwie nicht mehr genießen. Er ist zum ersten Mal deutlich verärgert, und das lässt er mich spüren. Wir sind beide froh, als wir nach der Landung in Toulouse von Pauline abgeholt werden.

In dieser Woche im Süden werden wir von Paulines Tante und Onkel beherbergt. Wir waren vor anderthalb Jahren schon hier. Wir richten uns ein, arbeiten daran, dass so bald wie möglich neue Gewohnheiten und Rituale entstehen und somit eine gute Regelmäßigkeit: Pauline muss für die Auftritte am Abend in Form sein.
Antonins Nächte sind aber nicht wie sonst. Er, der seit jeher durchschläft, wacht in der Nacht auf und will nicht mehr schlafen.

Er ist angespannt wie beim Flug. Die einzige Lösung, die ich finde, damit Pauline und die anderen Hausbewohner nicht dauerhaft aufgeweckt werden, ist, mit ihm nach draußen zu gehen und durch das nächtliche, lauwarme Stadtviertel zu spazieren. Antonin sitzt beruhigt im Kinderwagen, lässt sich fahren, beobachtet alles – schläft aber nicht wieder ein und protestiert bei jedem Anzeichen von Nach-Hause-Gehen. Der Spaziergang dauert vier Stunden, bis zum Tagesanbruch.

Am dritten Morgen, nach dem Sonnenaufgang, setze ich mich mit ihm auf dem Schoß auf einen Liegestuhl im Garten. Er liegt mit dem Rücken auf meiner Brust und wir schauen den milchigen Morgenhimmel an. Das Haus von Paulines Onkel liegt in der Nähe eines Flugplatzes, und ab sieben Uhr fliegen kleine Flugzeuge über uns hinweg. Sie sind tief unterwegs und wir können sie gut sehen und hören. Das packt Antonin und „versöhnt" ihn mit Flugzeugen.

Wir beobachten sie mehr als zwei Stunden lang, ohne uns zu bewegen. Er unterscheidet ganz genau den diskreten Propellerlärm, wenn ein Flugzeug im Landeanflug über uns hinwegsegelt, vom mächtigen Geräusch des Starts in der Ferne, wenn eine Maschine gerade abhebt. Er dreht dann jeweils den Kopf in die andere Richtung, weil er weiß, dass das Flugzeug nach ein paar Sekunden dort über den Bäumen auftauchen wird.

Und sobald er den Flieger sieht, sagt er fröhlich: „Oyon!" (*avion* = Flugzeug)

Unzählige kleine *Oyons* fliegen heute Morgen über uns hinweg, und ein paar richtig große sind ebenfalls zu sehen – gaaaaanz hoch am Himmel, wie ein kleiner, im Morgenrot funkelnder Punkt mit der langen, unverkennbaren Schleppe. Auch diese nimmt Antonin wahr.

Ein guter Augentest.

Nach anderthalb Stunden dreht er sich um, liegt auf meinem Bauch wie in den ersten Wochen seines Lebens und schläft friedlich ein. Das tue auch ich.

In den nächsten Nächten gibt es keine Unterbrechung mehr. Und in den nächsten Tagen entwickelt sich das Interesse für Flugzeuge zu einer dauerhaften Leidenschaft.
Diese entgeht niemandem.
Paulines Kindheitsfreundin, Erika, kommt für ein paar Tage zu Besuch, sie will Paulines Auftritte nicht versäumen. Sie verbringt ein paar Stunden mit Antonin und mir, irgendwann geht sie eine Weile aus dem Haus und kommt mit einem Flugzeugmodell zurück.
„Ist zwar aus Kunststoff, aber das einzige ganz naturgetreue, das sie hatten", sagt sie. Ein wunderschönes Canadair-Modell. Antonin fängt Feuer und lässt sein *Oyon* für Stunden – eigentlich Tage – nicht mehr aus der Hand. Ich erinnere mich, dass auch ich solche tief gehende Leidenschaften erlebte. Eine große Erfüllung. Die Propeller interessieren ihn überhaupt nicht.
Erika ist seine Heldin.

Wir besuchen Pauline ein paar Mal vor dem Auftritt. Er war schon einmal in diesem großen Theater, er war so klein, ob er sich heute daran erinnert? Die Techniker haben ihn nicht vergessen. Vor allem unser guter Freund Jacques, der Cheftechniker, der ihn immer so feiert und trotz verletztem Knie auf den Arm nimmt. Antonin läuft auf der großen Bühne zwischen den Bühnenbildelementen herum, betrachtet die großen Scheinwerfer oben an der Decke. Er ist in einem ihm deutlich vertrauten Element.
Nach dem letzten Auftritt kommen wir alle zusammen. Antonin und ich sind beim großen Applaus in den Saal gegangen – er klatsch so gern mit. Das Stück wäre für ihn leider zu hart gewesen.
Diesmal geht er selbstständig herum und erlebt die vielen Leute, das laute Foyer, die Bar mit all den Menschen, den Lichtern, den Geräuschen, dem Gelächter, der Musik nicht mehr in meinen Armen. Er lacht mit, geht zu allen Menschen, tanzt, spielt mit Luna und Gaïa.

Mitte Mai 2012

Nach dem letzten Auftritt von Pauline in Toulouse sind wir nach Le Pas zurückgefahren. Maman und Papa waren schon dort, Eléonore ist nachgekommen. Es ist erholsam, wieder beisammen zu sein. Wenige Tage später kommen auch Sabine, Erwin und Lisa für einige Drehtage dazu. Sie kommen mit einem Mietauto an, Antonin meldet sofort: „Auto blanche", und will sofort da hin. Er spaziert rundherum. Alle Buchstaben, die er entdeckt, berührt und benennt er. Neues Nummerschild. Neues H, denn auch dieser Wagen trägt ein H, aber anders als auf unserem ...
Nachher will er zu unserem Auto, am Lenkrad sitzen und Fahren spielen. Er macht die Geräusche, drückt auf die Knöpfe, blinkt, betätigt die Scheibenwischer ... Heute steht er vor dem Fahrersitz und hält das Lenkrad so, als wollte er es umarmen. Dann drückt er mit der Brust auf die Mitte, damit das Auto hupt. Er strahlt und lacht bei jedem Hupen aus vollem Hals.
Er ist so viel größer als beim letzten Dreh in Le Pas! Wie immer freut er sich, dass viele Menschen da sind. Wenn alle neun am Mittagstisch sitzen, steht er auf und macht eine Runde; er geht zu jedem und sagt ganz speziell: „Bonjour." Er gibt die kleine Hand und geht zum Nächsten. Bei manchen sagt er sogar den Vornamen. So etwas hat er noch nie gemacht, es ist seine Weise zu erleben, dass so viele liebe Menschen am Tisch sitzen. Und er bekundet es durch Handlungen, die er in anderen Situationen beobachtet hat und jetzt am richtigen Platz einzusetzen weiß. Wir haben ihm das niemals beigebracht, haben es von ihm nie eingefordert oder erwartet.

Im Garten voller Frühling drehen Erwin, Sabine und Lisa mit Papa und Maman. Antonin kommt dazu, er wollte zuerst nur von weitem die Dreharbeiten betrachten. Doch bei den riesengroßen Pfingstrosen vergisst er sein ursprüngliches Anliegen. Er geht von Blume zu Blume und ruft seine Begeisterung so laut aus, dass das komplette Filmteam den Schwerpunkt wechselt und *ihn* aufnimmt,

während sein ganzes Gesicht in die dunkelrote Rose eintaucht. „Mmmmmmmmh", macht er dabei. Auch das haben wir von ihm nie eingefordert oder erwartet.
Später sitzt er mit Maman und Pauline, in friedliches Abendlicht gehüllt, auf der niedrigen Steinmauer vor unserem zukünftigen Haus. Das zweite Haus in Le Pas, das kleine Haus; in wenigen Tagen fangen hier die Bauarbeiten an, in vielen Monaten wird es Antonins Zuhause sein. Das weiß er noch nicht. Er sitzt zwischen Maman und Pauline in seiner kraftvollen Gegenwart, liest kleine Steinfetzen von der Mauer auf und wirft sie herunter.

„Born to be good" oder „The dog eat dog society"

Wir waren um die halbe Welt, an die Westküste Kanadas, gereist, um die Babytests mit der Kamera einzufangen, von denen uns Gerald Hüther so eindrucksvoll berichtet hatte. Ursprünglich von Kiley Hamlin in ihrer Studienzeit an der Yale University gemeinsam mit ihrer Psychologieprofessorin Karen Wynn entwickelt, werden sie jetzt im Center for Infant Cognition der University of British Columbia, Vancouver, durchgeführt, wo Kiley Hamlin mittlerweile ein Babylab leitet.

Kleinkindern, sechs beziehungsweise zwölf Monate alt, wird jeweils ein kurzes Puppentheater vorgeführt: Eine rote, runde Figur versucht den Hang eines stilisierten Hügels zu erklimmen, schafft es jedoch nicht und rollt immer wieder zurück. Bald erscheint von hinten eine gelbe, dreieckige Figur, die nachhilft und

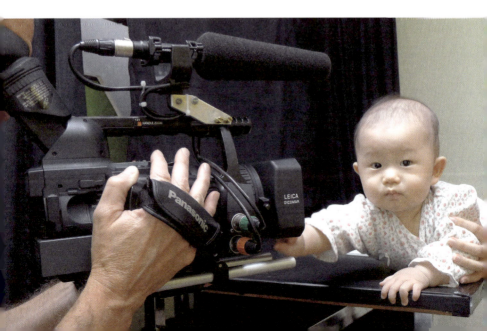

anschiebt, bis der rote Kreis den Gipfel des Berges erreicht hat. Sichtlich erfreut hüpft die rote Figur auf und ab.

Vorhang. Neue Szene: Wieder versucht der rote Kreis den Berg hinaufzukommen, wieder rollt er mehrmals zurück. Bald erscheint von oben ein blaues Quadrat, das den roten Kreis hinunterdrückt und gar nicht hochkommen lässt.

Sechs Monate und zwölf Monate junge Kinder verfolgen gebannt jeweils einzeln mehrmals hintereinander diese Vorführung. Im Anschluss werden ihnen auf einem Tablett die Spielfiguren, das gelbe Dreieck (*the good guy*, der Helfer) und das blaue Quadrat (*the bad guy*, der Wegschieber), zur Auswahl präsentiert. 99 Prozent der Sechsmonatigen nehmen die gelbe Figur. Bei den Einjährigen sieht es schon anders aus: 20 Prozent entscheiden sich für die blaue Figur!

„Kleine Kinder identifizieren sich immer mit dem, was ihnen das Richtigere erscheint – und das wählen sie aus. Im Alter von sechs Monaten nehmen alle kleinen Babys, wahrscheinlich überall auf der Welt, den kleinen Gelben, den Unterstützer. Das entspricht der Anfangserfahrung, die jedes Baby gemacht hat: Ohne jeman-

den, der es unterstützt, wäre es ja noch nicht mal sechs Monate alt geworden. Spannend ist eigentlich erst der zweite Teil dieser Untersuchung. Da waren diese Babys nun sechs Monate älter und auf einmal nehmen zwanzig Prozent dieser Babys den Blauen, den Wegdrücker. Und da muss man sich schon fragen, wie das kommt, dass plötzlich Kinder auf die Idee kommen, dass es gar nicht so schlecht ist, wenn man sich auf Kosten anderer durchsetzt. Es ist ja nicht angeboren. Am Anfang haben sie sich alle mit diesem Unterstützer identifiziert. Das kann also gar nicht genetisch sein, sondern muss eine Erfahrung sein, die diese Kinder in ihren jeweiligen Familien gemacht haben. Es gab da irgendeinen, der sich sehr erfolgreich auf Kosten der anderen durchgesetzt hat – und die Kinder wären bescheuert, wenn sie sich nicht mit dem identifizieren würden, der erfolgreich durchs Leben kommt!

Wenn also Kinder andere wegschieben, wenn Kinder versuchen, sich auf Kosten von anderen durchzusetzen, dann liegt das nicht am Gehirn dieser Kinder, auch nicht an ihren Erbanlagen, sondern es liegt an uns, dass wir es ihnen so vorleben. Und wenn sich das ändern soll, dann müssen wir nicht versuchen, die Kinder zu ändern, sondern die Art und Weise, wie wir zusammenleben und miteinander umgehen!" Gerald Hüther

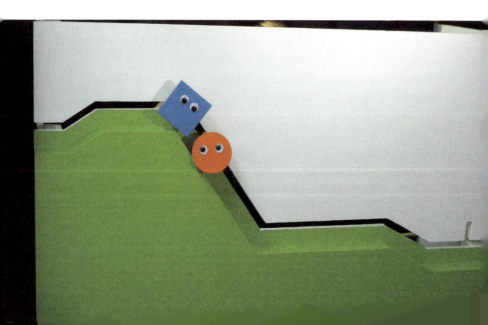

Kiley Hamlin und ihr Team haben für dieses Phänomen, dass sehr junge Babys immer den *good guy* wählen, einen Begriff geprägt: „Born to be good". Offenbar kommen alle Menschen als hochsoziale Wesen zur Welt und wollen sich mit- und aneinander freuen, es sei denn, jemand zeigt ihnen, dass sie auf andere Weise besser durchs Leben kommen. Die Frage ist also: Was leben wir unseren Kindern vor?

„Es ist also nicht angeboren, wenn man andere mit dem Ellenbogen wegschiebt, sondern man erlernt es, und zwar viel, viel früher als wir denken! Die größte Irrlehre, die je auf dieser Erde verbreitet wurde, ist, dass Konkurrenz notwendig ist für die Weiterentwicklung. Was wir für die Weiterentwicklung der Lebensformen brauchen, ist die Begegnung und der Austausch, und das hat nicht erst beim Menschen stattgefunden, sondern schon bei den Bakterien. Bakterien tauschen Informationen aus. Sie treffen sich und bilden einen Schlauch und dann tauschen sie über diesen Schlauch die Erbinformationen aus.

Das ist der Anfang des Lebens. Der Anfang all der vielen Lebensformen funktioniert über den Austausch.

Konkurrenz führt lediglich dazu, dass das, was schon da ist, so stark verstärkt wird und einzelne Fähigkeiten immer besser ausgebaut werden. Das hat aber mit Entwicklung, mit Weiterentwicklung nichts zu tun. Die Konkurrenz bewirkt, dass wir zu Spezialisten werden. Schneller, höher, weiter!

Wenn man sich weiterentwickeln will, muss man sich miteinander austauschen!" Gerald Hüther

Antonin beschädigt keine seiner Spielsachen. Keines seiner Autos ist kaputt – außer den paar kreisförmigen Kratzern, die es unvermeidlich auf dem Dach des blauen Wagens gibt, den er umgekehrt wirbeln ließ. Er wirft nicht mit seinen Sachen, er zertrampelt oder zerschlägt sie nicht. Dass Kinder unsanft mit ihrem Spielzeug umgehen, ist nicht angeboren. Ich frage mich, warum die meisten Kinder mit beschädigten Spielsachen unterwegs sind, warum es für die meisten Menschen selbstverständlich ist, dass Kinder sie beschädigen. Diese Vorstellung färbt auf die Kinder ab und führt dazu, dass ihnen jeweils minderwertige Dinge gegeben werden – „sie machen sie eh bald kaputt!"
Antonin isst seit jeher mit denselben Tellern, Gabeln und Löffeln wie wir. Sein Gefühl der Zusammengehörigkeit mit der restlichen Tafel wird niemals durch Sonderbesteck verletzt. Er trinkt schon immer aus echten Gläsern. Lerntassen und derlei völlig Überflüssiges und Irritierendes verleihen dem Kind – auch in seinen eigenen Augen – einen Sonderstatus und schieben es in die Ecke derjenigen, die zu Besserem noch nicht fähig sind. Dabei will jedes Kind mit den Menschen verbunden sein, die aus „normalen" Tassen trinken. Das will Antonin auch deutlich: „Ein Glas wie Papa."
Mit grellfarbigen Lerntassen und „dekoriertem" Kunststoffbesteck – als ob Kinder nicht nur unfähig, sondern auch geschmacklos wären – kann man nichts lernen, das man später brauchen kann. Haben Sie schon versucht, Wasser aus der Flasche in einen Kinderplastikbecher zu gießen? Es kann nicht gut gehen, weil der leichte Becher vom Wasserstrom weggeschoben wird – vor allem wenn die kleinen Hände logischerweise beide im Einsatz sind, um die schwere Flasche zu halten.
Mit Kunststoffbesteck identifiziert man sich auch nicht mit denjenigen, die keines benutzen. Man isst dementsprechend. Mit verschmiertem Mund und bekleckstem Tischtuch. Deshalb braucht man auch ein Sondertischset aus Plastik. Am besten isst man von den Erwachsenen getrennt, vorher, wenn möglich.

„Ah, wenn er am Tisch mit den Erwachsenen essen soll, dann bitte mit Tischset", sagt man mir, während ich Antonin neben mir am Tisch installiere. Ich diskutiere nicht, was soll's … Ich weiß, dass Antonin nie in diesen Sonderstatus geschoben wurde und deshalb ganz „normal" isst, ohne sich oder die Umgebung zu verschmutzen. Die Menschen, mit denen er zusammenlebt und die er daher auf die natürlichste Weise als Vorbilder nimmt, verschmutzen weder sich noch ihre Umgebung. Warum sollte also er es tun?!

Antonin kennt jetzt alle Buchstaben und alle Zahlen. Auch benutzt er immer mehr Wörter und einige Adjektive. „Auto gros" bedeutet logischerweise „großes Auto"; wenn Papa und ich ihm einen riesigen roten Lastwagen mit Bagger mitbringen, ist er für ein paar Stunden nicht mehr ansprechbar und will nur mit dem „gros gros gros camion" spielen. Dass er durch zweifache Wiederholung das Gewicht des Adjektivs erhöht, verdeutlicht, dass er genau verinnerlicht hat, wie es funktioniert.

Juni 2012
Mit „gros gros gros" Fahrzeugen ist es noch nicht vorbei … Mitte Juni kommt ein übergroßer Bagger zu uns nach Le Pas. Unser Teich wird erweitert. Antonin wohnt dem ganzen Ausladen bei, wie das riesige Fahrzeug startet, vom Lastwagen ganz langsam herunterfährt, im gewaltigen Lärm der Kettenlaufwerke auf der schmalen Straße fährt und anschließend anfängt, mit seinem mächtigen Arm große Erdmengen auszuheben. Antonins Ausdauer, seine Aufmerksamkeitsfähigkeit beeindrucken mich immer wieder; er bleibt zwei Stunden in der Nähe des Baggers stehen, ohne müde zu werden und ohne dass seine Konzentration nachlässt.
Am nächsten Tag kann ich dem nicht widerstehen, ihm einen Modell-Bagger zu kaufen, der in der Größe seinem roten Lastwagen entspricht.

In dieser Zeit beginnen auch die Bauarbeiten um das kleine Haus. In unserem sonst so ruhigen Hof stehen neuerdings jeden Tag die vier Autos der Handwerker; zahlreiche Lastwagen fahren ein und aus, ein ganz kleiner Schaufellader und ein kleiner Zementmischer sind regelmäßig im Einsatz. Das alles gefällt Antonin ganz besonders. Er geht von Auto zu Auto und will die Farbe von uns genannt hören, obwohl er sie nach einigen Tagen alle auswendig kennt. „Kokou auto" (*beaucoup d'autos*, viele Autos), sagt er. Bei unserem sagt er jeweils freudig: „La nôtre" – unseres! Auch das ist ihm also ein Begriff.

Die restliche Zeit verbringt er im Garten. Er liebt es, Beeren selbst zu pflücken und zu essen. Er spielt lange mit Mamans Gartenwerkzeugen oder mit der kleinen Schubkarre, die Eléonore für ihn besorgt hat.

Heute beobachtet er den Mann, der den Rasen mäht. Als die Maschine wieder frei ist, gebe ich Antonins ganzkörperlichem Begehren nach; ich starte den Rasenmäher und lasse ihn die Lenkstange mit mir halten. Obwohl ich die niedrigste Geschwindigkeit benutze, muss er ziemlich schnell mitlaufen. Die Lenkstange ist für ihn etwas zu hoch, sie schüttelt und rüttelt seine kleinen Arme durch, aber er lässt sie um keinen Preis aus der Hand, er ist hochkonzentriert, sehr ernst bei der Sache. Er wollte das und möchte jetzt nicht aufhören. Er will sogar durch das Gras fahren, und wenn ich sehe, wie perplex er ist, weil das Messer still steht und nichts mäht, lasse ich auch dieses an. Wir fahren ganz vorsichtig und mähen ganz aufmerksam den Rasen. Nach zwanzig Minuten ist mein kleiner, mutiger, vertrauensvoller Sohn erschöpft – an dieser wichtigen und schwierigen Aufgabe, die er sich spielerisch und begeistert selbst gewählt hat, wächst er offensichtlich über sich hinaus.

Für mich ist das die beste Antwort auf den klassischen Einwand, „man kann nicht nur seiner Begeisterung und Freude nachgehen, man muss auch lernen, sich anzustrengen, wenn man etwas lernen oder erreichen will".

Angestrengt hat sich Antonin gerade. Sogar leicht „überfordert".
Aus eigener Begeisterung, aus innerem Antrieb.
Anders wäre es gewesen, wenn ich ihm aus heiterem Himmel und irgendeinem Programm folgend die überfordernde Aufgabe auferlegte hätte, Rasenmäher zu fahren, obwohl er gerade mit etwas anderem beschäftigt gewesen wäre.

Von Mutigen,
die andere Wege beschreiten

Kinder, die frei sind, sind glückliche Kinder.

Welche Lebensräume und Freiräume haben Kinder in dieser völlig durchstrukturierten, hochentwickelten Welt, gefüttert mit Informationen von frühester Kindheit an? Dabei wollen sie die Welt selbst erfahren und entdecken!

Kinder bewegen sich auch kaum noch, sie sitzen im Kinderwagen, im Auto, in der Schule, vor dem Fernseher, vor dem Computer. Passiv geworden, wird ihnen die Welt präsentiert. Hier verkümmern natürlich die Sinne, kommt Langeweile auf, wird Lernen zu sinnloser, lustloser Pflicht.

In seinem Buch „Das letzte Kind im Wald?" zitiert Richard Louv einen Zehnjährigen, der meint, er spiele lieber drinnen, weil da die ganzen Steckdosen sind. Und Louv stellt fest, dass in freier Natur spielende Kinder mittlerweile eine aussterbende Spezies sind. Dabei bietet die Natur Kindern alles, was sie brauchen,

Freiraum und endlose Spielmöglichkeiten. Allerdings ist den meisten Kindern in unserer wohlhabenden westlichen Welt der Zugang zu freier Natur erschwert, wenn nicht verunmöglicht worden. Kinder sind meistens von klein auf eingeteilt, müssen an Spielgruppen und Frühförderkursen teilnehmen, werden von Erwachsenen überbehütet, haben meist keine eigenen Freiräume mehr. Sie sollen frühzeitig das Stillsitzen trainieren, werden in allem angeleitet, was sie sich eigentlich auch selbst beibringen könnten. Jedes Spiel wird einem bestimmten Ziel, einem Trainingserfolg untergeordnet: motorische Übungen, Ausmalübungen, Sprach- und musikalische Frühförderung, Mathematik oder Chinesisch im Vorschulalter – Eltern sind bereit, viel Geld zu bezahlen, um die Karrierechancen ihrer Lieblinge bereits im Windelalter zu optimieren und deren Gehirne zur Entwicklung maximaler Kapazität anzuregen.

Großzügig werden auch Diagnosen und Entwicklungsstörungen per Etikette verteilt, was allerlei Berufsgruppen regen Zulauf verschafft.

„Niemand käme auf die Idee, kleine Kätzchen auf das Mäusefangen vorzubereiten, indem durch Lernprogramme zunächst das Stillsitzen und Beobachten, später das Zupacken und Festhalten und schließlich das Fressen einer Maus geübt wird. All das lernen die kleinen Kätzchen von allein, allerdings nur dann, wenn man sie nicht laufend dabei stört (ihnen also die zum Erlernen und Einüben dieser Fähigkeiten erforderlichen Spielräume nimmt), und wenn die Kätzchen Gelegenheit haben, einer anderen Katze zuzuschauen, die das Mäusefangen bereits beherrscht. Genau so geht es auch allen Säugetieren, die ein Gehirn besitzen, dessen endgültige, für die Bewältigung der jeweiligen artspezifischen Leistungen erforderliche innere Struktur erst während der Kindheit nutzungsabhängig herausgeformt wird. Menschenkinder müssen fast alles, worauf es in ihrem späteren Leben ankommt, durch eigene Erfahrungen lernen." Gerald Hüther

November 2012. Mit der Kamera besuchen wir die *Waldkinder*: Die Gruppe trifft sich jeden Morgen, bei jedem Wetter und jeder Jahreszeit mit vier Erwachsenen und der Hündin Chili, wandert gemeinsam ein Stück bis zu einer hübschen Lichtung, dort gibt es nichts als Wald, Wiese, einen großen Erdhügel, ein paar Baumstämme zum Draufsitzen. Es gibt nichts weiter, und das gerade ist das Paradies. Völlig unaufgeregt sucht sich jedes Kind eine Beschäftigung, klettert auf einen Baum, gräbt in der Erde, spielt Kochen mit vielfältigen Waldutensilien wie Blättern, Tannenzapfen oder Moos. Es gibt kein Programm, die Erwachsenen sind da, mischen sich allerdings nicht in das rege Geschehen ein, es sei denn, es wird nach ihnen gefragt oder Unterstützung wird benötigt. Es gibt kein Lernangebot, kein Ziel, das erreicht werden muss, dafür umso mehr Raum und Ruhe zur Entfaltung. Hier haben die Kleinen Gelegenheit, Wurzeln zu schlagen. Manche tun das auch im wahrsten Sinn des Wortes, sitzen stundenlang auf einem Stamm und schauen zu: dem Wald, den Vögeln oder den anderen Menschen hier auf der Lichtung. Es ist wie ein kleines Dorf, das jeden Vormittag bewohnt und belebt wird. Gegen Mittag versammeln sich alle und treten gemeinsam den Rückweg an. Auch hier finden noch allerlei Spiele statt, welche die Kinder spontan erfinden.

Ohne Erwartungsdruck und in großer Freiheit erleben die Kinder diese Stunden in der Natur, lernen ganz von selbst, sich flink und geschickt darin zu bewegen. Auch ein Mädchen, das zu Beginn aufgrund einer Behinderung kaum selbstständig gehen konnte, in Tränen ausbrach, wenn ein kleiner Zweig den Weg versperrte, weil sie es nicht gewohnt war, den Fuß höher zu heben, läuft nach zwei Jahren Waldvormittag lachend über die Wiese. Sie hat enorm viel dazugelernt. Nicht auszudenken, wenn sie Tag für Tag in einer Schulbank sitzen hätte müssen …

„Kinder brauchen genug Bewegungsspielraum für die Verankerung eigener Erfahrungen im Gehirn. Körperliche Betätigung, Sport und Bewegung sind Doping für Kindergehirne, denn: Sich zu bewegen lernen heißt fürs Leben lernen!" Gerald Hüther

Mai 2013. Auch wenn die Dreharbeiten bereits vorüber sind, wollen wir die Waldkinder nochmals besuchen. Wir wandern eine Stunde lang von der Donau die Weinberge hinauf in den Wald, wo wir schließlich auf die Kindergruppe treffen. Heute geht es in den „Knochenwald", einige Kinder haben dort am Vortag einen neuen Bach entdeckt, der durch die starken Regenfälle entstanden ist und sich nun über den Waldboden in einen tiefen Graben hinunterschlängelt. Ein Grüppchen, mit Rutschhosen ausgestattet, setzt sich auf den steilen Hang und rodelt auf dem Hosenboden den Graben hinunter. Ein Bub, der erst wenige Monate im Wald dabei ist, macht den Anfang, eine kleine Sensation, denn die erste Zeit hat er ständig Angst gehabt, sich schmutzig zu machen. Sichtlich glücklich rodelt er heute innig im Gatsch. Er ist gelandet, am Boden und auch bei sich. Im Regelkindergarten hatte er als schwer integrierbar gegolten, hatte nicht dazu gepasst. Hier ist er einer unter vielen und dennoch ganz besonders: Er hat ständig Musik im Ohr, singt und summt und trommelt unentwegt, das hatte im geschlossenen Gruppenraum gestört, hier kann er getrost seiner Leidenschaft nachgehen. Im Wald ist für alle genug Platz.

Die Kinder hier sind besonders sozial engagiert, nehmen große Rücksicht aufeinander. Alle kennen sich sehr gut, es gibt intensive Elterngespräche, Familien werden regelrecht begleitet, allfällige Unstimmigkeiten sofort bemerkt. Kinder, die viel fernsehen dürfen, passen nicht hierher. Sie sind zu unruhig, müssen ständig das am Vortag virtuell Erlebte nachspielen, um es zu verarbeiten. Sogar einmal die Woche „Kasperl" ist zu viel, sagt die Leiterin der Waldkindergruppe: Es sorgt für Unruhe, das Kind ist mit fremden Inhalten beschäftigt. Wenn das Fernsehen weggelassen wird, ist das sofort bemerkbar, große Veränderung tritt ein.

Die Betreuerin sagt, sie erlebt oft, dass die Kinder mit zu viel Freizeitangebot überfrachtet sind, dadurch nicht mehr im Moment leben, sondern auf das nächste Sonderereignis hinfiebern. All das dient ihnen nicht.

Waldkinder sind später in der Schule ruhiger, ausgeglichener und aufmerksamer als andere. Sie hatten jahrelang Gelegenheit, sich auszutoben, ihrem spontanen Bewegungs- und Spieldrang nachzugehen. Sie zeigen auffallend mehr Fantasie und Kreativität, die nicht eingeschränkt oder von gut meinenden KindergartenpädagogInnen vorgegeben wurden.

So manche aufmerksame Volksschullehrerin berichtet: Die Waldkinder haben allen anderen so viele Dinge voraus, die von in Regelkindergärten vorgeschulten Kindern nie wieder aufgeholt werden können: Sozialverhalten, Achtsamkeit, Feingefühl, Verbundenheit, Wachsein mit allen Sinnen – das haben die Kinder, die stets in geschlossenen Räumen mit vorgefertigten, angeleiteten Spielen verbrachten, schon längst verlernt. Sicher, ursprünglich hatten sie alle diese Anlagen, doch so viel wurde bei ihnen in den ersten Jahren schon verschüttet und kann nur sehr schwer wieder aufkeimen.

Auf die Frage, warum er und seine Frau in den siebziger Jahren die erstaunliche Entscheidung getroffen haben, ihre Kinder nicht zur Schule zu schicken, gibt Arno Stern zur Antwort:

„Nachdem ich wusste, dass in der Schule den Kindern das Zeichnen beigebracht wird, und dass es auf Kosten ihrer Spontanität geht, wollte ich natürlich meine Kinder dem nicht aussetzen. Aber es ging um eine Überlegung, die weiter ging. Warum sollten Kinder überhaupt belehrt werden? Das ist ja nicht nur in der Formulation so, dass man sie nicht belehren muss, dass die Dinge aus ihren eigenen Begegnungen, aus ihren eigenen Interessen, aus ihren eigenen Regungen entstehen: das bezieht sich auf alles, was im Leben vorgeht. Warum soll man Kinder etwas auf eine künstliche, systematische Weise beibringen, das sie doch viel besser selbst erproben und erfahren können, wenn sie dazu reif sind. Und wir waren uns vollkommen einig, meine Frau und ich, dass wir unsere Kinder der Belehrung, der systematischen Belehrung, nicht aussetzen werden. Wir haben sie auch zu Hause nicht belehrt. Es gibt ja Menschen, die den Unterricht zu Hause stattfinden lassen. Das war für uns natürlich vollkommen ausgeschlossen. Wir wussten: Kinder müssen nicht belehrt werden. Kinder müssen unterstützt werden. Kinder müssen gefördert werden in dem, was sie interessiert."

Früher war das Spiel im Malort für alle Kinder unwiderstehlich. Heute brauchen Kinder eine gewisse Zeit, bis sie sich von der mitgebrachten Trägheit erholen. Womit hat das zu tun? Arno Stern:

„Das bezieht sich auf die Gesamteinstellung des Kindes allem gegenüber, dass Kinder heute lustlos sind, dass sie übersättigt sind, dass sie keine Begeisterung mehr haben, dass sie sich eigentlich wie Greise benehmen, die zu nichts mehr Lust haben, die einfach aussteigen. Was ich feststellen kann, was ich nachweisen kann, ist wohl das, was geschehen ist mit der Spur in meinem Bereich. Da ist es wirklich greifbar, da ist es nachweisbar, ich würde schon fast sagen: es ist statistisch nachweisbar. Wenn man die Bilder aus den fünfziger, sechziger, siebziger Jahren, aus der Blütezeit der Formulation, mit dem vergleicht, was heute geschieht, dann ist es unbestreitbar, dann ist es wirklich sichtbar, dass es heute nicht mehr so ist wie damals. Und das hat nur einen wirklichen Grund: Die Kinder sind überlastet, die Kinder stehen heute vor dem Blatt und überlegen, ob das, was sie machen, dem entspricht, was erwachsene Belehrende von ihnen erwarten. Und so kann man nicht spielen. Dann spielen sie etwas vor, mit dem Hintergedanken, dass es gut aufgenommen wird, dass es gut bewertet wird, denn das ist ja auch die Spekulation in unserer Gesellschaft, dass etwas gelingt, etwas einbringt, dass man Erfolg hat, dass man einem Ziel entgegenstrebt … aber im Spiel gibt es ja kein Ziel, es gibt ja nur ein Erleben. Und von ihrer heutigen Einstellung müssen wir Kinder wieder zurückführen in die Reinheit des Spieles, wo man wirklich nicht etwas produziert. Das ist ja gerade der Unterschied zwischen Spielen und was man als Arbeit bezeichnet. Hier wird nichts hergestellt. Hier wird nur während des Geschehens etwas erlebt."

Juli 2012

Mitte Juli reisen wir nach Avignon. Diesmal sind wir nur bei der zweiten Hälfte des Festivals dabei. Und wir kommen mit demselben Stück wie letztes Jahr, da es ein Erfolg war. Wir reisen von Le Pas aus. Ganz früh am Morgen fährt uns Papa zum Flughafen. Antonin ist begeistert. Weil es ein kleiner Provinzflughafen ist, kann er sehen, wie das Flugzeug ankommt, landet und näher kommt. Es ist sein erster Flug, seitdem er sich für Flugzeuge so leidenschaftlich interessiert. Eine große ATR mit zwei Turboprops, die im Morgengrauen quasi vor uns zum Stehen kommt. Es ist auch das erste Mal, dass Antonin in ein Flugzeug wirklich *einsteigt*: Bis jetzt sind wir immer durch eine Passagierbrücke gegangen, die einem nicht wirklich das Gefühl gibt, die Gebäude verlassen zu haben. Heute ist es ganz anders, wir gehen über die Piste, stehen vor den großen Flügeln und steigen über die kleine Treppe direkt in den Rumpf der Maschine hinein.

Antonin sitzt am Fenster. Ich habe ein aufblasbares Kissen für ihn mitgebracht. Er sitzt genau neben dem linken Triebwerk. Der riesige Propeller steht noch still.

„Tu vas voir l'hélice" (du wirst den Propeller gleich sehen), sage ich zu ihm, als die Türen geschlossen werden. Antonin sagt nichts, denn die Triebwerke werden gerade gestartet. Und so etwas hat er noch nie gesehen. Der Propeller, der langsam startet und immer schneller wird, ist wie maßgeschneidert für ihn. Mächtiger Lärm im fahlen Morgen, kurzes Taxiing und schon donnert die Maschine durch die Lüfte. Als wir die Reiseflughöhe erreichen, wird alles sehr ruhig, aber Antonin ist nicht vom Fenster wegzubringen. Nachdem wir gelandet sind, warten wir auf den Zug. Antonin spielt mit seinem Flugzeug. Jedoch diesmal ganz neu: Mit einem Finger dreht er die Propeller und sagt: „On toune zésisses" (*on tourne l'hélice*, der Propeller dreht sich).

Später legt er das Flugzeug beiseite, macht große drehende Bewegungen mit dem Arm und ganz viel Motorenlärm dabei und sagt: „On toune zésisses." Dieser neue Begriff wird ab heute für eine Weile dominierend.

Die „halbe" Festival-Zeit ist besonders intensiv. Antonin ist jetzt so viel größer als letztes Jahr! Alle erinnern sich an ihn, alle feiern ihn und sagen: „Oh, bist du groß geworden!"
Wir sind in derselben Wohnung wie letztes Mal. Es entwickeln sich neue Gewohnheiten. Wir müssen diesbezüglich sehr effizient sein, weil wir keine „Anlaufzeit" und schon am Abend nach der Ankunft den ersten Auftritt haben.
In den Straßen von Avignon ist Antonin wie ein Fisch im Wasser. Unsere Spaziergänge sind länger und weiter. Er schaut sich alle Plakate – und davon hängen Tausende – an und kommentiert sie in seiner einfachen Sprache.

Wir laufen an einem Plakat vorbei, worauf eine Art Kreuz zu sehen ist. Antonin bleibt stehen, ich weiß noch nicht, warum. Dann zeigt er auf das Kreuz und sagt: „Oyon." Er macht dazu das Geräusch. Er dreht die Hand ganz schnell und sagt: „On toune zésisses."
Antonin und ich stehen jeden Morgen früh auf. Wir gehen gemeinsam die Schneckentreppe herunter und öffnen das Theater. Dann richten wir uns ein. Er spielt auf der Bühne mit einem hier gekauften Bagger, ich übe mit der Zehnsaitigen in den Sitzreihen sitzend. Ab und zu unterbreche ich das Üben, weil Antonin vor mir stehend mit beiden Händen

auch Gitarre spielen will. Später kommt Maxence dazu, denn auch dieses Jahr spielt er um zehn Uhr. Wir sind jeden Tag dabei, wie er seine Bühnen- und Kulissen-Elemente einrichtet; Antonin kennt sie alle auswendig und spielt dazwischen. Er wartet auf den Moment, da unsere Freunde aus Brive ihr Warm-up machen. Zwanzig Minuten lang spielen sie ganz laut alle Musikstücke des Auftritts ab. Das sind sehr lebhafte, beflügelnde Stücke. Antonin tanzt dabei unermüdlich, und sein blonder Kopf voller Locken entzückt alle. Oft kommen Gaïa und Luna dazu, Manon, die junge Technikerin, tanzt mit, Pauline kommt auch die Treppe herunter, Giancarlo ebenfalls, die ganze Bühne wimmelt und wirbelt, die Nachbarn und andere Schauspieler setzen sich dazu oder bleiben in der Tür stehen, schauen sich das Ganze an und teilen die Freude. Antonin lacht ununterbrochen.
Irgendwann kommt das letzte Stück, das erkennt er, und wenn es fertig ist, ist er immer ein wenig traurig.
Und wieder muss ich lächeln, wenn ich daran denke, dass der erste Einwand, den Skeptiker gegen Unschooling haben, immer „die fehlende Sozialisierung" ist!

Jeden Tag kommt Luna zu uns in die Wohnung. Sie ist neun, „normalerweise" würde man nicht erwarten, dass ein Mädchen in diesem Alter mit einem Zweieinhalbjährigen spielen will. Aber solche Kategorien und Diskriminierungen gibt es nur, wenn man sie einführt! Luna und Antonin haben ein gemeinsames Spiel entwickelt. Sie haben sich eine Eisenbahn gebaut und bauen ihre Einrichtung täglich weiter aus. Ausgangspunkt waren Antonins wiederholtes Wort „crain" (*train*, Eisenbahn) und zwei Bananenschachteln, die wir zum Transport eingekaufter Waren vom Bioladen mitgebracht haben. Luna hat die beiden Bananenschachteln hintereinander gestellt und sie mit zwei Duschvorhangringen, die Pauline als Verbindung einfielen, aneinander gekoppelt. Das hat Antonin sehr gut gefallen! So saßen die zwei im Zug und spielten lange. Ein- und Aussteigen, Fahren, an Haltestellen stoppen, Bahntickets kontrollieren … Allerlei Einrichtungen sind im Laufe der Tage dazugekommen: Der Deckel von einer Salatschleuder wird im Triebwagen als Steuerrad eingesetzt, die Lederkissen vom Sofa dienen als komfortablere Sessel, ein niedriger Tisch wurde dazu gereiht, der als Speisewagen gilt und mit kleinen Wasserflaschen, dem anderen Teil der Salatschleuder, Papierfetzen und derlei ausgerüstet wurde. Antonin steht nun oft im zweiten „Waggon", um besser im Speisewagen „kochen" zu können: Er gießt Wasser in die Salatschleuder, wirft die Papierfetzen dazu und rührt lange mit einem Kochlöffel um. Er macht Motorengeräusche dazu, während Luna im Triebwagen sich lieber mit der Fahrt beschäftigt. Ein gemeinsames Spiel, aber ohne Interaktion. Ein transgenerationelles Spiel, denn wir alle tragen immer wieder dazu bei, es ist unwiderstehlich. Der Zug braucht immer mehr Platz mitten im Wohnzimmer. Manchmal ist das etwas umständlich, weil es eine kleine Wohnung ist, aber wer möchte hier „aufräumen" und das Spiel stören?!

Amandine spielt täglich ihr neues Stück „Mariba die Hexe", ein poetisches Märchen, das für Kinder bis 99 gedacht ist. Wir gehen mit Antonin hin. Er ist mit Abstand der Jüngste im Saal, auf der Bühne spielt „seine" Amandine. Sie interagiert mit dem Publikum, bezieht Antonin aber besonders ein; das Stück packt ihn, er schaut überall gleichzeitig hin, lacht und reagiert auf die Effekte und Pointen – anders als letztes Jahr, als ihn bei Maxences Stück eher die Form interessierte, erlebt er diesmal den Inhalt.
Was uns aber ergreift, ist seine Verbindung zur Musik. Amandine hat besonders bewegende, ausdrucksstarke Musikstücke eingebaut; obwohl er sie noch nie gehört hat, singt Antonin genau im Ton mit. Gegen Ende kommt eine besonders starke Musik mit Orchester. Entgegen seiner Gewohnheit „dirigiert" er nicht, er singt ganz laut dazu, aber so richtig, dass es niemand merkt! Und er macht eine zusätzliche dramatische Steigerung, eine persönliche Variation, die genauso stimmig wie musikalisch logisch

ist – Kontrapunkt und Harmonie, wie sie die meisten unter uns nicht schaffen, alles instinktiv und spontan.

Da wir erst am Abend spielen, widmen wir uns tagsüber all den anderen Festival-Erledigungen. Aber das Festival endet übermorgen, es gibt weniger zu tun, also nehmen wir uns einen Tag, und, obwohl wir ungern die Rue des Teinturiers und unseren eingespielten Rhythmus verlassen, nehmen wir eines der Autos und fahren die zwei Stunden nach Lézan, ins Dorf meiner Kindheit, zum Haus meiner Großeltern mütterlicherseits. Die meisten meiner Kindheitserinnerungen sind mit Lézan verbunden. Die langen, heißen Sommer mit all ihren Geräuschen und Gerüchen, die unermüdlichen, obsessiven Zikaden und Grillen, das Licht der Provence, die Sorgenlosigkeit und Zeitlosigkeit der Kindheit, die Spiele mit meiner Schwester und meinen Cousinen – besonders mit Delphine. Das war „mein" Garten. Wir Stadtkinder waren, mit Ausnahme der heißen Mittagszeit, praktisch immer draußen. Ich kenne hier jeden Quadratzentimeter, jeden Stein, jede Kachel am Boden, jeden Riss in der Wand, jede Schuppe im bröckeligen Verputz, sogar die Art, wie jeder Raum hallt.
Ich war so lang nicht hier!
Das Geländer der Terrasse im Schatten der riesigen Platane ist aus großen Steinen mit einer leichten, abwechslungsreichen Moosdecke. Das war die Straße, die Landschaft, das Abenteuer für meine Autos im Maßstab 1:43. Es gibt bei einem Stein eine Unregelmäßigkeit, ein kleines Becken, das als besonders beliebte Herausforderung für die Federungen meiner Autos diente – und immer noch dort zu finden ist.
Meinen Sohn hier zu sehen, auf dieser Terrasse, mit seinem Vetter Yaël und meinem blauen kleinen Fahrrad spielend, ist ein besonders starkes Erlebnis. Kreise schließen sich im Frieden.

Wenn wir mit Antonin einkaufen gehen, geht er jeweils schnellen Schrittes durch die Gänge. Er läuft relativ nah an den vollen

Regalen vorbei und schaut sie im Laufen seitlich an. Er hat eine eigene Technik entwickelt, er schaut seitlich mit den Augen und nicht mit dem Kopf. Wir wissen nicht, was das für ihn bedeutet; er tut es aber systematisch. Er geht jeweils zuerst eine neue Route, dann aber, wenn er sie gewählt hat, folgt er ihr wie einer Rennbahn: durch diesen Gang, dann links, dann geradeaus, dann bei der nächsten Ecke rechts und zweimal rechts und wieder geradeaus ... Er geht in einem gleichmäßigen, zügigen Tempo und summt dabei natürlich ein entsprechend regelmäßiges Motorengeräusch. Die anderen Kunden lächeln und treten einen Schritt zurück, damit er ohne Stopp seiner Bahn folgen kann. Einige schauen ihm amüsiert nach, andere nehmen ihn nicht wahr ... In großen Warenhäusern geht einer von uns immer hinter ihm her, was für Fitness sorgt. In kleineren, vertrauteren Läden genügt es oft, ihm akustisch zu folgen, da er immer dieselbe Route nimmt und in einheitlichen Abständen an uns vorbeifährt ...

Und ab und zu bleibt er mit Motorengeräusch stehen. Dann macht er das bekannte Piepsen eines Lastwagens im Rückwärtsgang und geht einige Schritte zurück!

Seismografen der Gesellschaft

„Verhaltensgestört" ist so ein Begriff, der mit großer Vorsicht zu genießen ist. Denn welches Verhalten ist es denn eigentlich, das als gestört gilt? Zwischen 1933 und 1945 war es in unseren Breitengraden nicht ungewöhnlich, die rechte Hand beim Gruß weit von sich zu strecken und laut zwei Wörter zu rufen, die in der Zwischenzeit aus unserem Wortschatz gestrichen wurden. Würde man heute auf der Straße seine Mitmenschen so begrüßen, würde man ziemlich sicher vor Gericht landen.

Dafür haben wir heute in ganz Europa Tausende von Tier-KZs, in denen sogenannte Nutztiere mit Mastfutter aus Übersee gefüttert und wie leblose Kreaturen behandelt werden. Die meisten Betreiber dieser KZs sind politisch christlichen Parteien verpflichtet, die wiederum einen gewissen Franz von Assisi, Schutzpatron der Tiere, verehren.

Verhaltensgestört ist also offensichtlich jemand, der derartiges Verhalten in Frage stellt, zu einem Zeitpunkt, wo dieses von einer Mehrheit toleriert und als vorbildlich hingestellt wird. So gesehen ist es nur konsequent, wenn wir das Verhalten von Kindern, die sich nicht an die Regeln der Schulen halten, als gestört betrachten. Schnell ist eine Diagnose von standardisierten Psychologen zur Hand, und wir haben ein schönes Krankheitsbild und dazu gleich eine wertvolle Therapie, die wiederum der Industrie gute Umsatzzahlen beschert.

Wir wollten einmal ganz anders auf diese rasant ansteigende Gruppe der angeblich verhaltensgestörten Kinder schauen, wir wollten wissen, was sie uns eigentlich durch ihr Verhalten mitteilen wollen. Denn es könnte ja sein, dass ihr Verhalten ein wertvoller Hilferuf ist, mit dem sie uns sagen wollen: „Das, was ihr da treibt, ist ganz falsch, und wir halten es nicht mehr aus!" Mit anderen Worten, wir wollten uns diesen Kindern aus der Perspektive der nicht besser Wissenden nähern und nachfragen, was wir von ihnen lernen können. Ganz so wie der Tierfreund, der aus der plötzlich entstehenden Unruhe seiner Pferde im Stall das herannahende Erdbeben erkennt und rechtzeitig Mensch und Tier in Sicherheit bringt.

Leider fand diese Sequenz keinen Eingang in die finale Schnittversion des Films, aber wir haben in den zwei Jahren Drehzeit sehr schöne und auch berührende Momente mit Menschen erlebt, die vieles durchgemacht haben im Leben.

Tina, die junge Mutter des sechsjährigen Raffael, berichtet:
„Bis zum dritten Lebensjahr hab ich persönlich überhaupt nichts bemerkt. Raffael ist mein erstes und einziges Kind, somit hatte ich auch keine Vergleichsmöglichkeit. Doch bereits im Kindergarten gab es die ersten Dramen. Er hat jeden Tag nur geweint, hat sich strikt geweigert, dorthin zu gehen. Die Kindergärtnerin hat ihn als unerziehbar und unintegrierbar bezeichnet. Daraufhin hab ich ihn herausgenommen und bin mit ihm zu einer Psychologin gegangen, die den Verdacht auf ADHS geäußert hat.

Das hab ich auch später in der Schule gemeldet, woraufhin die Ansage kam, er müsse medikamentös behandelt werden, sonst sehen sie keine Chance, dass er bleiben kann, und ich soll ihn doch überhaupt gleich in eine Sonderschule geben.

Da ist mir dann schon ein bisschen die Luft weggeblieben, denn da hat ja das eine mit dem anderen überhaupt nichts zu tun.

Die Vorschullehrerin hat es dann so weit getrieben, dass sich mein Sohn den ganzen Schultag im Klo eingesperrt und geweint hat.

In der Klinik wurde nochmals ein Test gemacht, es wurde ADHS bestätigt.

Und ich bekam sofort die Einladung zu einer klinischen Studie für ein neues Medikament, das wäre natürlich alles kostenlos gewesen, wunderbar. *(lacht)*

Und auf die Frage, wie das abläuft und mit welchen Nebenwirkungen zu rechnen sei, wurde die Ärztin immer leiser und immer stiller, später hat sie dann zugegeben, das wisse man eigentlich noch gar nicht. Aber das wäre eben der einzige Weg, ADHS unter Kontrolle zu bringen.

Wir versuchten eine Privatschule. Nach zwei Tagen waren sich Lehrerin sowie Direktorin einig: ‚Ohne Medikamente kann Raffael nicht in der Klasse bleiben.' So haben wir in eine andere private Schule, die auf ADHS spezialisiert ist, gewechselt. Das geht gut.

Ich möchte nicht wissen, wie viele arme Kinder gequält werden im Schulsystem.

Was mich wirklich schockiert hat, und da läuft mir jetzt noch die Gänsehaut, ist der Unwille der Pädagogen, sich auf ein Kind einzulassen, denn mehr muss man nicht machen. Wenn man sich auf Raffael ein bisschen einlässt, gibt's überhaupt kein Problem.

Für mich ist er kein Problem. Für alle anderen ist er ein Problem. Ich hätte auch nie vermutet, dass er ADHS hat. Für mich war er lebhaft, manchmal ein bisschen schwierig, aber wer ist das nicht? Das ist jeder, jeder hat einen schlechten Tag, nur einem Kind wird es nicht zugestanden. Ein Kind muss möglichst acht Stunden in der Schule steif sitzen und darf ja nicht den Mund aufmachen. So war ich selber nicht, und das erwarte ich ganz sicher von meinem Kind, mit oder ohne ADHS. Was wollen wir, das ist die Frage. Was soll denn aus diesen Kindern werden? Das ist ja weit entfernt von jeder Individualität, von jedem Sichverwirklichen-Können. Ganz im Gegenteil. Neue Gedanken lassen die meisten gar nicht zu. Würden genug diese Meinung teilen, hätte ein Schulsystem, wie es heute bei uns üblich ist, keine Chance."

Die Aufmerksamkeitsdefizit-/Hyperaktivitätsstörung zeigt ein trauriges Spiegelbild kindlicher Lebensbedingungen unserer gegenwärtigen Gesellschaft.

ADS und ADHS sind heute die am häufigsten diagnostizierten psychischen Erkrankungen von Kindern und Jugendlichen. Aktuellen Schätzungen zufolge sind in westlichen Industrieländern wie Deutschland oder Österreich circa fünf Prozent der Kinder und Jugendlichen im Alter von drei bis siebzehn Jahren betroffen, wobei die Erkrankung bei Buben etwa viermal häufiger diagnostiziert wird als bei Mädchen. Rund 600.000 Fälle zählt man im Moment in Deutschland. Viele von ihnen nehmen Medikamente, die tief in den Gehirnstoffwechsel eingreifen.

Man gibt hyperaktiven Kindern Pillen wie Ritalin, damit sie in der Schule stillsitzen und sich auf den Unterricht konzentrieren. Der darin enthaltene Wirkstoff Methylphenidat soll die Unruhe dämpfen und die Konzentrationsfähigkeit steigern.

Von 1999 bis 2008 schnellte der Verbrauch des Wirkstoffs Methylphenidat von jährlich acht auf 53 Millionen Tagesrationen in die Höhe.

Kinder, die das Medikament bekommen, werden plötzlich vom Zappelphilipp zum braven Schüler, der macht, was von ihm verlangt wird.

Mit der Zunahme von ADHS-Diagnosen ist auch der Bedarf an Ritalin gestiegen: Waren es 1993 noch 34 Kilogramm pro Jahr in Deutschland, wurden 2010 1,8 Tonnen verschrieben – mehr als fünfzigmal so viel wie vor zwanzig Jahren. Weltweit bekommen rund zehn Millionen Kinder Ritalin verabreicht, circa 700.000 sind es in Deutschland.

Rein statistisch gesehen sitzt in fast jeder deutschen Schulklasse ein Kind, das morgens zum Frühstück eine Pille einwirft. Ein gutes Geschäft: Allein der Pharmakonzern Novartis machte damit 2010 einen weltweiten Umsatz von 464 Millionen Dollar.

Selbst der amerikanische Psychiater Leon Eisenberg, der als der Erfinder des psychiatrischen Krankheitsbildes Aufmerksamkeitsdefizit-/Hyperaktivitätssyndrom gilt, hat kurz vor seinem Tod 2009 in einem Interview eingestanden, dass er ADHS für eine fabrizierte Erkrankung halte, eine Krankheit, die keine ist. Vielmehr forderte er Psychiater und Psychologen auf, sich intensiv mit den psychosozialen Verhältnissen zu befassen, unter denen derlei Verhaltensauffälligkeiten gedeihen.

Wer gegen bestimmte Regeln verstößt, von der Norm abweicht, bekommt eben eine Diagnose und wird dann medikamentös eingepasst, damit das unerwünschte, nonkonforme Verhalten kontrollierbar wird. Das kommt in erster Linie der Pharmaindustrie zugute, die in Amerika Pädagogen und Psychologen schulen lässt, damit ihnen unter Kindern und Jugendlichen keiner entgeht, dem die Diagnose untergejubelt werden kann. Mit einer Zuschreibung beginnt nun das bekannte Phänomen, dass sich Menschen genau so zu verhalten beginnen, wie es von ihnen erwartet wird, das heißt, ein ADS-diagnostiziertes Kind wird mehr und mehr Verhaltensmuster entwickeln, welche die Diagnose bestätigen.

„ADHD is a fictitious disease. It's a fictitious epidemic. Don't mistake me. I don't mean to say there is no such thing as attention deficit disorder. What I do know for a fact is: It's not an epidemic. I believe that these kids are being medicated as routinely as we had our tonsils taken out. These kids are been given Ritalin and often quite dangerous drugs to get them focused and calm them down. But we should not put them asleep, we should waking them up to what they have inside of themselves."
Sir Ken Robinson

Der Bildungsexperte Sir Ken Robinson vergleicht diese erfundene Epidemie mit der medizinischen Modeerscheinung der fünfziger und sechziger Jahre, die Mandeln zu entfernen; damals war es völlig normal und routinemäßig, bei der geringsten Halsentzündung vorsichtshalber eine Mandeloperation durchzuführen.

Heute wird das nicht mehr gemacht. Stattdessen hat jemand ADHS erfunden, eine Erkrankung, die den Pharmakonzernen Milliarden einbringt und Eltern und Lehrern das Leben leichter macht. Sir Ken Robinson weist auch auf die Parallelität von ADHS und dem Aufkommen von standardisierten Tests in Schulen und Universitäten hin. Alles, was streng reglementiert ist, weist natürlich Abweichungen auf. Diese wollen von den besonders Genauen ausgemerzt werden und sei es durch intensive Medikation. Lebhafte Kinder werden ruhig gestellt, so lassen sie sich leichter einpassen. Aber wollen wir, dass unsere Kinder wie Maschinen funktionieren?

„Was Kindern heute fehlt, sind nicht Therapien, sondern eine Welt, die ihnen gerecht wird, Beziehungen, die nicht auf Leistung aufbauen. Der Wert des Kindes ist enorm gestiegen, seit Eltern entscheiden können, ob sie Kinder wollen. Und wenn sie sich dafür entscheiden, muss es auch ein Erfolg werden. Heute sind Kinder ein Juwel und müssen funkeln, sonst hat es sich nicht gelohnt." Remo Largo, Kinderarzt und Autor

Eltern wird von Schulen nahegelegt, ihre Kinder mit Medikamenten gefügig zu machen. Diese steigen aus Angst darauf ein, weil sie befürchten, dass die Kinder andernfalls in dieser Gesellschaft keinen Platz finden, außer in Sonderanstalten für Aussortierte. Das klingt hart, entspricht allerdings durchwegs der Realität. Also Medizin: Ritalin senkt den Dopaminspiegel, drosselt alle Emotionalität und Affektivität, sodass man auf eine einzige Tätigkeit fokussiert bleiben kann. Aus diesem Grund wird das Medikament von Studenten in Examen- und Stresszeiten regelmäßig als Lerndoping eingesetzt – Ritalin macht sehr nüchtern, befreit von Ablenkung, lässt keine Neugier, keinen Außeneinfluss durch. Ritalin hilft nicht beim Lernen: Ritalin macht aus jedem Menschen einen idealen Schüler unseres Schulsystems.

„Ritalin ist eine Gefahr für unser gesamtes Bildungssystem. Es ist die Droge der Pflichterfüllergeneration – junge Leute nehmen Ritalin, weil es ihnen hilft, sich den Erwartungen der Gesellschaft anzupassen." Gerald Hüther

Woher kämen all die Diagnosen, wenn wir Individuen nicht ständig vergleichen würden? Wenn wir nicht für jedes Verhalten eine Art Kästchen hätten, die allerdings erfordern, dass alle, die nicht ganz genau hineinpassen, zurechtgestutzt, diagnostiziert und behandelt werden?

ADHS-Kinder oder Kinder mit ähnlichen Zuschreibungen (stets geht es um Defizite!) können als Seismografen der Gesellschaft angesehen werden. Anstatt diese feinfühligen Menschen mit Pillen an allgemeingültige Standards anzupassen, stünde doch dringend eine Änderung kindlicher Lebensbedingungen an. Wir alle merken ja ein gewisses Unbehagen: Der Leistungsdruck ist für alle groß und er verschont auch die ganz Kleinen nicht. Sollten wir nicht sogar dankbar sein, dass sich immer mehr dagegen wehren, einfach funktionieren zu müssen?

August 2012
Im August sind wir bei Paulines Eltern in der Bretagne. Antonin spielt jeden Tag am Strand. Nackt. Inmitten von Kindern, die modernste Sonnenschutz-T-Shirts tragen, ist das ein lustiger Kontrast. Ich habe kürzlich eine Beraterin im Radio gehört, die auf die Frage der Nacktheit von Kindern einging. Und statt vom Kind auszugehen, ging sie – wie immer – von Erwachsenen und ihren Ideen aus. Sie zitierte Françoise Dolto. Erzählte, dass angeblich alle Mädchen ab vier nackt vor ihrem Vater sein wollen, um ihn zu verführen, denn die Verführung des Vaters sei bei Mädchen angeboren. Ich bin frei von „Ideen", Vorurteilen und Prinzipien dieser populistischen Art aufgewachsen, also fällt mir der Wahnsinn solcher Behauptungen besonders auf. Jede objektive Beobachtung des Kindes in seiner respektierten spontanen Veranlagung zeigt umgehend, dass solche Vorstellungen der Realität diametral entgegengesetzt sind. Es macht mich richtig wütend, dass im Radio solche Ratschläge verbreitet werden. Ich sehe das Vertrauen und die Einfachheit des Kindes, und mein Herz blutet, wenn ich an all die Ungerechtigkeit denke, die kleinen Mädchen angetan wird, indem man von der völlig überholten, aber fest verankerten Vorstellung ausgeht, dass sie tief in sich verborgen die üble Idee hegen, ihre Väter zu verführen.

Am Strand ist Antonin stundenlang mit Sand, Muschelschalen, Steinchen etc. beschäftigt. Das Wasser und vor allem die Wellen ziehen ihn unwiderstehlich an. Von nun an möchte er immer wieder ins Meer baden gehen. Auch Monate später, als wir im Winter bei starkem Sturm wieder dort stehen, wird er sagen, dass er sich ausziehen will und ins Meer gehen ... Wir müssen ihm erklären, dass es bei solchen Temperaturen nicht möglich ist, was für ihn eine große Enttäuschung ist.
Eines Nachmittags sind Freunde zu Besuch. Ein Paar mit zwei Kindern. Der Älteste ist vier, schon den ganzen Nachmittag wird er in hartem, hässlichem Tonfall von seinem Vater ständig zurecht-

gewiesen oder beschimpft. Die ganze Gegend schallt von seinen Ausrufen.

„Warum machst du das, hast du denn keine Augen?!"

„Wehe, wenn du mir dein Badetuch voller Sand ins Gesicht schüttelst!"

„Mach das nicht, du Dummkopf!"

Ich weiß, er ist ein gestresster Vater, der im Alltag nie dazu kommt, Zeit mit seinen Kindern zu verbringen, und folglich in den Ferien vom ganztägigen Zusammensein völlig überfordert ist – und zusätzlich beweisen muss, dass er ein guter, also strenger Vater ist.

Antonin und ich spielen ein wenig abseits mit einem Bächlein, das sich im Sand ein Bett geschaffen hat und in algenartigen Schleifen bis zum Meer herunterschlängelt. Es ist das Spiel meiner Kindheit: neue Wege für das Wasser vorbereiten, Staumauern bauen, Weichen setzen, um den Verlauf des Baches zu ändern. Mit Muschelschalen spielen wir den Bagger, Antonin holt viele Steinchen, die wir dem kleinen Bach in den Weg stellen.

Der Junge kommt zu uns. Ich bin ihm zu groß und Antonin zu klein. Er zögert ein wenig. Antonin gibt ihm ein Steinchen, ich übergebe ihm den Bagger. Innerhalb weniger Minuten hat er seinen Platz gefunden. Weder zu groß noch zu klein, weder zu jung noch zu alt. Einfach einer unter dreien, die am Strand mit einfachen Dingen spielen.

Der Vater hat sich beruhigt. Nach einer Weile kommt er vorbei und fragt seinen Sohn wirklich lieb: „Willst du mit mir Fußball spielen?"

„Ja."

Die beiden gehen Hand in Hand ein wenig weg und spielen eine halbe Stunde Fußball am Strand. Der Vater schreit ab und zu, aber als Fußballfan.

Antonin hat seine Tante Eléonore intensiv beobachtet, als sie in Le Pas unzählige A4-Bilder aus Papas Archiv scannte. Jetzt scannt er selbst. Er nimmt alle Blätter, die er an einer Stelle liegen sieht, legt beide Hände zart darauf und schiebt sie ganz langsam nach vorne. Dabei macht er das typische Schrittmotorengeräusch, mit einer Genauigkeit in den Nuancen, die mich umwirft. Wenn er ganz vorne ist, schiebt er das liegende Blatt zurück, und zwar viel schneller als beim „Scannen", und macht dabei einen leichteren, schnelleren Ton, genau wie das wirkliche Gerät, wenn nach dem Scanvorgang der Scannerwagen schnell zurückbefördert wird.

Spätsommer in Le Pas
Seit einigen Tagen gibt es eine Entwicklung. Antonin „dirigiert" *und* singt gleichzeitig ganz laut dazu. Bisher hat er nur beim Zuhören dirigiert oder gesungen, ohne zu dirigieren.
Die Themen, die er dabei singt, sind anfänglich vage Andeutungen, doch mit den Tagen entsprechen sie immer deutlicher dem letzten Satz der 9. Sinfonie von Dvořák. Nicht erstaunlich, denn das Video von diesem letzten Satz will er jeden Tag mindestens einmal mit seinem Großvater anhören und ansehen.

Papa hat Antonin einen kleinen grünen Traktor mit einem großen roten Anhänger geschenkt. Das hat ihn stundenlang beschäftigt. Heute haben wir ihm dazu einen Mähdrescher gefunden. Er spielt damit, auch mit dem Abtankrohr, aber das Schneidwerk vorne stört ihn. Er fragt, was das ist. Es ist nicht ganz leicht, das zu erklären, aber ich finde schnell ein Video auf YouTube, in dem man genau seinen John Deere sieht. Er versteht sofort, worum es geht, er sagt: „Beaucoup de blé", viel Weizen. Er will weitere Videos sehen. Er betrachtet zuerst die orangen, sich drehenden Lichter, aber dann, wie der Fahrer systematisch einen Streifen in der Breite des Schneidwerks nach dem anderen abfährt. Und irgendwann kommt ein grüner Traktor mit einem roten Anhänger neben den Mähdrescher, das Abtankrohr wird ausgefahren und „viel Weizen" wird in den Anhänger abgetankt.

Dann will Antonin sofort von meinem Schoß klettern. Er holt seinen Traktor, den Anhänger und den Mähdrescher, legt sich auf den Boden und leert „beaucoup de blé" durch das Abtankrohr in den Anhänger. Immer wieder. Ununterbrochen.

Er wird nie eine Lektion in Sachen motorisierte Weizenernte brauchen. Er weiß es für immer.

Jeder ist anders

Würde ein Mensch wie Pablo Pineda zum Ministerpräsidenten gewählt, dann gäbe es eine Veränderung hin zum Neuen. Uns hat interessiert, was wir von ihm lernen können, denn er berührt uns alle, weil er die Ganzheit in sich trägt. Sein sogenannter Defekt schützt ihn davor, gespalten zu sein: Er trennt nicht zwischen Verstand und Gefühl, er trennt sich nicht von der Welt ab.

Üblicherweise werden wir unserer Ganzheit beraubt, spätestens in der Schule, aber oft schon viel früher. Ein subtiles Belohnungs- und Bestrafungssystem bringt uns in die Lage, uns getrennt zu fühlen, uns als falsch zu empfinden. Wir beginnen zu glauben, etwas sei nicht richtig mit uns, und durch die daraus entstehende Angst werden wir manipulierbar.

Von Menschen begleitet, die überzeugt waren, dass „wir kein genetisches Schicksal haben, dem wir ausgeliefert sind", hat Pablo als erster Europäer mit Downsyndrom eine Universität abgeschlossen.

Wir werden alle als vollkommene Wesen geboren und brauchen zu unserer Entfaltung nur eine unterstützende Umgebung.

„Sobald wir auf irgendjemandes Stirn schreiben, da wird nix mehr draus, sobald wir jemanden diagnostizieren und ihn in eine Kiste stecken und darauf schreiben: ‚Trisomie 21, ADHS, Legasthenie, Lese-, Rechtschreibschwäche und gestörtes Sozialverhalten', sobald wir so etwas machen, haben wir ein Problem geschaffen. Und zwar wir für das Kind. Das Kind hätte noch viele Möglichkeiten gehabt, seine Potenziale zu entfalten."
Gerald Hüther

Pablo zeigt uns, was alles möglich ist. Allen Voraussagen und Untersuchungen der damaligen Wissenschaft zum Trotz bekam Pablo durch sein eigenes Engagement und das seiner Umgebung die Möglichkeit, ein ganz anderes Leben zu führen, als es die Gesellschaft für Menschen wie ihn vorgesehen hatte.

Zu Pablo sind wir durch den Film „Yo, también" gekommen, in dem er die Hauptrolle spielte. Es war unglaublich, ihn dort sich selbst spielen zu sehen, zu sehen, wie weit er gekommen ist und auch mit welchen Schwierigkeiten er so sehr zu kämpfen hat.

Als wir ihn in Madrid und Malaga zum Drehen trafen, zeigte sich schnell, wie empathisch er sich mit uns für unser Thema engagierte. Es bewegte ihn ja seit langem, war er doch zeit seines Lebens gefordert gewesen, gegen die Bewertungssysteme und Vorurteile einer Gesellschaft anzukämpfen, die Menschen wie ihn aussortiert in für sie vorgesehene Anstalten und ihnen wenig Entwicklungschancen bietet. Dabei ist längst bekannt, wie sehr wir alle von Menschen lernen können, die ganz anders sind: Empathie, Rücksichtnahme, Toleranz, all die menschlichen Werte, die durch Leistungs- und Konkurrenzdenken auf der Strecke bleiben. Darum sind sie so wichtig für uns!

„Kinder sind wie Schwämme, sie nehmen alles auf, deshalb muss das Erziehungssystem positiver werden: Freude, soziale Werte, Anderssein, Zuneigung und Liebe sollten im Vordergrund stehen, Empathie und Solidarität wichtige Werte werden.
Keine Unterschiede zwischen Frauen und Männern, das sollen Kinder lernen! Klischees, Stereotypen sollten nicht vorkommen, sondern Neugier für Neues.

Es sollte eine Erziehung sein, bei der die Gefühle sichtbar werden und nicht unterdrückt, eine Erziehung, die alle miteinander teilen können, statt im Wettbewerb zueinander zu stehen.
Jeder von uns ist unterschiedlich, warum müssen alle gleichgemacht werden?

Ein Kind muss lernen, seine eigenen Gefühle auszudrücken; nicht das zu wiederholen, was andere ihm beibringen, denn darin liegt keine Originalität. Wir ahmen viel zu viel nach, sind im Denken viel zu engstirnig und kleinkariert – weil uns das von klein auf so beigebracht wird ... kleinkariert zu sein, wenig originell; immer das zu tun, was die anderen machen ...

Man sollte alles tun, damit Kinder anfangen, eigenständig zu denken!

Die Lehrer finden diese Idee schrecklich, weil sie ihnen die Rolle als ‚große Lehrmeister' wegnimmt und dem Kind Selbstverantwortung gibt. Sie wollen nicht, dass Kinder die Welt allein entdecken, weil das gefährlich ist." Pablo Pineda

Mit vielen Menschen hatten wir große Schwierigkeiten beim Drehen, weil sie oft vor der Kamera überfordert sind, nicht mehr authentisch wirken. Ganz anders bei Pablo: Er ist durch und durch authentisch, er kann gar nicht anders, in jedem Augenblick, ob er lacht oder weint, und beides kommt sehr häufig vor, denn das genau zeichnet diese Menschen aus, dass sie so offen ihre Gefühle zeigen.

Darum bestätigen ja auch viele sogenannte Integrationslehrer, die Down-Kinder mit allen anderen gemeinsam unterrichten, wie viel alle von den Down-Kindern lernen können.

„... vor allem das zu schätzen, was ich durch den anderen erfahren kann, und was der andere durch mich erfahren kann. Das, was er mir beibringen kann, und das, was ich ihm beibringen kann. Und wie aus diesem gegenseitigen Beibringen und Lernen, aus der gemeinsamen Interaktion, Neues wachsen kann.
Und von dem Punkt an, wo wir uns dessen bewusst sind, was wir uns gegenseitig geben, fängt die Kultur der Liebe an. Bereicherung durch Liebe, was auch immer der Inhalt dieses Austauschs ist.
Wir müssen aufhören, die Angst zu nähren. Wir haben bis jetzt im Konzept der Angst gelebt und müssen uns diesem Konzept verweigern, um zu dem Konzept der Liebe zu gelangen. Der tiefen Liebe, die tiefer liegt als Verstehen und Denken. Liebe in Großbuchstaben. Liebe so genommen, wie sie ist – nicht so, wie wir sie wollen. Lasst uns hineinwachsen in eine Kultur der Liebe.

Ich bin ein Glückspilz, weil ich Lehrer hatte, die mich gefördert haben. Sie haben mich darin unterstützt, aus mir selbst heraus zu lernen und zu denken, damit ich selbst Dinge entdecken kann. Natürlich gab es auch solche, die versucht haben, mich ‚auf Schiene' zu bringen, mich kleinzumachen oder mich zu manipulieren.
Ich bin wirklich einer der wenigen, die so viel Glück gehabt haben!
Die Gesellschaft und das Erziehungssystem führen meistens dazu, dass alle auf dem gleichen schmalen Pfad gehen. Am Ende gehören wir alle derselben Schafherde an, unschuldig und hart.

Ich glaube, dass wir alle mit etwas Besonderem geboren werden. Es stimmt nicht, dass wir angefüllt werden müssen. Wenn wir den Kindern diese Chance lassen, ihre Potenziale zu nutzen, können sie nicht nur weit kommen, sondern weiter, als sich jeder vorstellen kann. Das Problem ist, dass diese Realität geradegebogen, institutionalisiert, in eine Korsage gezwungen wird ... die Natürlichkeit wird gebrochen. Sie wollen uns das, was in uns steckt, wegnehmen: unsere Kreativität, unsere Vorstellungskraft. Sie wollen uns leer machen, damit sie uns anfüllen können. Ich habe mich ‚selbst angefüllt'.

Als ich so sechs oder sieben Jahre alt war – jedenfalls sehr jung –, bin ich im Büro des Direktors gefragt worden, ob ich weiß, dass ich das Downsyndrom habe. Man hat mir die ganze Sache mit den Genen und Chromosomen erklärt, und ich habe gar nichts verstanden, absolut gar nichts! Für mich war nur wichtig, dass das nicht bedeutete, dass ich dumm sei, dass ich weiter in der Schule und gemeinsam mit meinen Schulfreunden sein konnte.

So habe ich das erfahren. Das war mein Kilometerstand 0, wie ich es nenne." Pablo Pineda

„Diesen Mut, den ich meine, der heißt eher Zuversicht. Sie müssten die Zuversicht haben, dass es geht. Bei den Trisomie-21-Patienten in den fünfziger Jahren hatte eben keiner, vor allen Dingen kein Gymnasiallehrer die Zuversicht, dass man die zum Abitur führen konnte. Keiner hat daran geglaubt, weil sie alle in dem festen Denkmuster gefangen waren: genetische Störung, verqueres Hirn, unbeschulbar. Und dann gab es welche, die haben

denen Mut machen können. Das waren begnadete Sonderschulpädagogen, die in eine Beziehung zu diesen Menschen gegangen sind, die auf eine andere Art und Weise versucht haben, sie einzuladen, und sie haben daran geglaubt, dass es geht! Und jetzt sehen wir, wenn man dran glaubt, dass es geht, dann geht es auch! Das heißt, es geht so ziemlich alles, wenn man nicht daran glaubt, dass es nicht geht." Gerald Hüther

„Vor mir hat man fast ein bisschen Angst, weil ich alles ganz offen sagen kann. Die Gesellschaft will nicht, dass jemand wie ich Fortschritte macht, sondern dass wir uns hinten anstellen. Man muss alles unternehmen, damit die Gesellschaft dir nicht vorschreibt, dass du dich hinten anstellen sollst.

Eine große neue Erfahrung war es für mich, auf die Universität von Malaga zu kommen. Eine sehr interessante, aber auch harte Zeit, weil ich immer beweisen musste, dass einer mit Downsyndrom Universitätsstudent sein kein.

Es hat sich niemand gegen mich gestellt, es hat mir niemand die Arbeit schwer gemacht, im Gegenteil: Ich bin offen empfangen worden. Aber manchmal war es bitter, weil ich mich sehr allein gefühlt habe – mit vielen Studienkollegen, aber ohne Freunde. Das ist die andere Seite: die Einsamkeit ... In Begleitung, aber gleichzeitig einsam zu sein, das ist ein Gefühl, das jeder von uns schon gehabt hat.

Es gab nicht dieses gemeinsame Feeling, das man sich unter den Studienkollegen erwartet, jeder geht seinem eigenen Feeling nach, und das begründet die Einsamkeit – jeder ist mit sich allein.

Menschen mit Downsyndrom sind gern in Gesellschaft, darum leidet ein Mensch mit Downsyndrom mehr, wenn er viel allein ist.

Das Downsyndrom ist auch nicht nur in rosa Farbe zu sehen, viele Schwierigkeiten treten auf, schwierige Momente, Leute, die dich ignorieren. Es bedarf eines guten Selbstwertgefühls und einer Familie, die Vertrauen in dich setzt, die dich unterstützt und immer bei dir ist – so eine Familie zu haben ist unentbehrlich.

Der erste ‚Down' in der Universität zu sein gibt dir auch viel Verantwortung. Die Verantwortung zu sagen: Wir werden zeigen, dass einer mit Downsyndrom auch ein Studium absolvieren kann.

Mir haben die Fächer in Pädagogik besser gefallen als die in Psychologie. Psychologie war sehr ausgedehnt, es wollte einfach nicht in meinen Kopf hinein. Ich sagte zu mir immer wieder: ‚Schau mal an, was ich da lernen muss!' Das waren immer nur Probleme, Probleme und Probleme ... Als ich dann dieses Fach bestanden hatte, habe ich die Mitschrift mit der ganzen Kraft meiner Seele zerfetzt – mit so viel Spaß daran!

Wenn ich mich heute, zehn Jahre später, frage, was mich am meisten gestört hat, kommt mir sofort eine Unterrichtsstunde in den Sinn, in der das Downsyndrom definiert wurde – und zwar folgendermaßen: ‚Personen, die sich oft wiederholen, tollpatschig sind und denen Musik gefällt.'

„Das werde ich nie vergessen, ich habe dreingeschaut wie ein Idiot. Meine Kollegen haben mir gesagt, dass ich darauf etwas sagen soll. Ich aber bin in diesem Augenblick wirklich verstummt, weil ich nicht mit so etwas gerechnet hatte. Mein Mentor Miguel Lopez Ferrero sagte, als ich ihm das später erzählte: ‚Aber Pablo, wie konntest du da nichts sagen?' Ich war wirklich wie paralysiert und ärgere mich heute, dass ich damals nicht sagen konnte, dass es Respektlosigkeit ist, über Menschen mit Downsyndrom so zu reden, zumal wenn einer anwesend ist." Pablo Pineda

Oktober 2012
Während ich mit Sabine und Erwin in den USA und in Kanada unterwegs bin, entwickelt Antonin mit Pauline neue Gewohnheiten. Das Zubettgeh-Ritual bekommt Zusätze. Sie rufen mich an, und ich soll nicht abnehmen, denn sie „hinterlassen eine Nachricht für Papa". Das sagt er immer als Erstes. Hohe, jetzt sichere Stimme. Meine Ansage mit Musik kennt er auswendig. Dann erzählen die beiden, wie der Tag verlaufen ist. Nachher will er ohne Ausnahme ein gewisses Bild von Sabine sehen (er sagt „Abin"), das ich geschickt habe, und eines mit Erwin.

20. Oktober 2012
Erwin und Sabine haben nun eine ganz besondere Wichtigkeit in seinem Alltag. Oft schaut er ein Buch an, in dem verschiedene Flugzeuge abgebildet sind. Beim großen Airbus zeigt er immer auf die Cockpitfenster und sagt, dass Erwin die Maschine lenkt und Sabine daneben sitzt ... Wie kommt es, mögen viele fragen, dass diese beiden Menschen in seinem Leben einen so großen Stellenwert haben, er hat sie doch nur wenig gesehen?
Die Antwort ist ganz einfach, sie lautet: Verbundenheit. Sabine und Erwin sind mir sehr wichtige Personen geworden, mit denen ich eine tiefe Innigkeit teile. Demzufolge ist es nicht erstaunlich, dass diese Verbundenheit, in der ich auch mit ihm lebe, Antonin miteinbezieht. Es ist ein Ganzes. Nicht diese bestehende Verbundenheit sollte uns erstaunen, sondern das Gegenteil sollte uns auffallen: die Abwesenheit von Verbundenheit.

Wir haben ihm nicht beigebracht, „Danke" zu sagen. Nicht mühsam jedes Mal, nachdem er etwas bekommen hat, wiederholt, er soll jetzt „Danke" sagen, haben nie gesagt – oder gedacht: „Ja, gebe ich dir, sobald du ‚Bitte' gesagt hast."
Wer könnte denken, dass das Kind das übersieht? Wer könnte glauben, dass das Kind das nicht beobachtet? Wer könnte meinen, dass das Kind das nicht lernt, bringt man es ihm nicht bei?

Das Kind beobachtet alles im Leben, und vor allem zwischenmenschliches Geschehen. *Es kann ihm gar nicht entgehen*, wie, wann, unter welchen Bedingungen seine Referenzpersonen zueinander „Danke" und „Bitte" sagen. Genauso wie das Kind alles im Leben ohne Erklärung wahrnimmt, beobachtet und speichert. Und irgendwann, zu seinem Zeitpunkt, auf seine Weise, macht es das Kind auch. Aus einem inneren Impuls heraus. Dann ist es wahrhaftig, immer richtig, ohne Bedarf einer nachträglichen Verbesserung. Heute sagt Antonin zum ersten Mal, ganz diskret, fast nebenbei „Merci", nachdem ich ihm den Teller mit dem in kleine Dreiecke geschnittenen Butterbrot aufgetischt habe. Er weiß ganz genau, ohne zu zögern, ohne Vorübung, wann und wie er „Danke" sagen kann. Und er tut es, ganz einfach. Heute. Nicht gestern.

Pauline hat festgestellt, dass es speziell jene Wörter sind, die Antonin anfangs auf eine ausgeprägt „persönliche Weise" ausspricht – wie „Glü" für Wasser oder „Kcho" für Sirup oder „Fonfkettni" für Konfetti –, die er dann eines Tages nach etlicher Wiederholung besonders genau und sauber prononciert. Es sei hier noch einmal betont, dass wir ihn dabei keinesfalls „korrigiert" haben. Niemals haben wir gesagt: „Nein, so spricht man das Wort nicht aus, komm, sag's noch mal: Kon-fet-ti." Er ist ja nicht bescheuert und hört genau, dass wir „Konfetti" sagen und nicht „Fonfkettni". Also ist er aus irgendeinem wichtigen Grund noch nicht so weit. Und wir wollen die Raupe nicht töten! Ich erinnere mich an Meroë, meine kleine Nichte, mit der ich bei Freunden zum Essen eingeladen war. Als Nachtisch wünschte sie ein „Wawun". Niemand von uns erkannte, was sie meinte. Ihre Eltern wussten es sofort, weil sie mit ihr leben: Sie wollte ein Joghurt.
Alle Kinder gehen so vor. Nun sind die meisten Menschen so sehr damit beschäftigt, dem Kind pädagogisch zu Hilfe zu eilen, dass sie kaum zur Feststellung kommen können, dass ein seinem

Rhythmus und seiner Methodik überlassenes Kind eines Tages genau das „problematische" Wort hervorstechend schön ausspricht.

Erst wenn ich im Supermarkt einem erwachsenen Menschen begegne, der mir sagt, er könne nicht „Joghurt", sondern nur „Wawun" sagen, weil ihn seine Eltern als Kleinkind nicht korrigiert haben, fange ich an, in den natürlichen Prozess eingreifen zu wollen!

12. Oktober 2012
Heute beobachtet Antonin, wie ich den Halter des Duschkopfs an der Wand mit dem blauen elektrischen Schraubenzieher repariere. Er lächelt und sagt, er will auch reparieren. Der blaue elektrische Schraubenzieher ist ungefährlich, den hat mir Werni vor einigen Jahren geschenkt. Dreht langsam, ist ganz dicht und abgerundet. Ich nehme die scharfe Spitze weg und gebe ihn Antonin. Er strahlt. Ohne Erklärung weiß er, welche Knöpfe eine Rechts- oder eine Linksdrehung bewirken. Er geht direkt auf die Schrauben seines Betts zu und zielt auf sie. Zuerst trifft er sie nicht, weil das Werkzeug schwer ist. Aber er konzentriert sich. Die Feinmotorik entwickelt sich im Einsatz umgehend. Ohne Vorübung. Er findet seinen Weg. Wenn er die Spitze mit beiden Händen in das Loch gesteckt hat, kann er mit einer Hand loslassen und auf die Knöpfe drücken. Das wiederholt er den ganzen Morgen. Ohne müde zu werden. Er kommt und sagt: „Ich bin Monsieur Antonin Stern, ich komme reparieren." Das Bett, sein Flugzeug. Dann will er auch den Halter des Duschkopfs reparieren und fordert mich auf, dass ich ihn hochhebe, damit er dazu kommt.

Die Spaziergänge werden immer länger, und es wäre sinnlos, sich an einen engen Zeitraum halten zu wollen, denn es gibt unterwegs immer wieder Neues – oder Vertrautes – zu beobachten.

Jetzt halten nicht nur die Müllwagenfahrer wegen Antonin an; auch die Polizeiwagen grüßen ihn und lassen ihre blauen Lichter an.
Er unterscheidet sehr präzise zwischen all den Fahrzeugen, denen wir begegnen: Bus, Taxi, Lieferwagen, Müllwagen, Polizei, Feuerwehr …
Heute sind wir bei Schneefall lang stehen geblieben, weil ein mutiger Motorradfahrer sich zum Losfahren vorbereitete. Antonin beobachtete mit großer Aufmerksamkeit, wie der Mann die Schließkette entfernte und verstaute („Repariert der Mann das Motorrad?", fragte er), wie er den Schnee vom Sattel entfernte, dann den Motor mit mächtigem Dröhnen startete und warmlaufen ließ, bis er fertig angezogen war und den Helm aufgesetzt hatte. Der Mann winkte, hupte kurz und fuhr vorsichtig davon. Antonin rannte anschließend und sagte: „Antonin ist ein Motorrad."

21. Oktober 2012
Auf dem Boden liegend lässt Antonin seinen großen Linienbus ganz langsam an seinem Gesicht vorbeifahren. Dabei macht er das gewohnte Motorengeräusch. Doch heute gibt es eine merk-

liche Entwicklung: Er summt in unterschiedlichen, total „naturgetreuen" Höhen und Lautstärken, je nachdem ob der Wagen sich nähert, vorbeifährt oder sich entfernt. Auch den Dopplereffekt wird man ihm wohl kaum erläutern müssen …

Das Zubettgeh-Ritual läuft seit Wochen ganz regelmäßig ab. Gegen halb neun fängt die Sequenz an, und sie ist immer dieselbe. Ich liebe sie genauso sehr wie Antonin. Nach dem Baden gehen wir zwei ins große Bett. „Sous la couette" (unter die Daunendecke), sagt er immer ganz freudig. Dann lasse ich nur die kleine, orange Himalayasalzlampe an, während wir ganz leise den dritten Satz von Dvořáks 7. Sinfonie anhören. Dann frage ich immer: „Willst du die Fortsetzung hören?", und die Antwort ist immer *ja*. Also mache ich das kleine Licht aus und wir hören uns auch den vierten Satz ganz leise im Dunkeln an. Dann dreht er sich ein wenig auf die Seite, packt mein Ohrläppchen und schläft langsam ein.

Jetzt bildet Antonin ganze Sätze. Innerhalb von ein paar Tagen hat er sich zu einem sprechenden Menschen entwickelt. „Je veux écouter la symphonie de Beethoven, les dames qui chantent" (ich möchte die Sinfonie von Beethoven hören, die Damen, die singen), sagt er heute Morgen.
Der letzte Satz der Neunten von Beethoven ist sein momentanes Highlight. Hat die Neunte von Dvořák abgelöst. Will er jeden Tag zwei- bis dreimal anhören und ansehen. Mit Großvater oder ohne. Die Ode packt ihn vollkommen. Er dirigiert dabei – es ist eher ein Tanz, fast eine Trance. Und im Laufe des Tages singt er die ganze Zeit dieses prägnante Thema ganz laut und bebend.

„J'ai très envie de danser" (Ich habe große Lust zu tanzen), sagt er heute, als er sieht, dass Eléonore ihren Tanzkurs vorbereitet. Seit langem nimmt sie ihn zur letzten halben Stunde ihres wöchentlichen Kurses mit. Anfänglich hat er nur mit den Knien zur Musik gefedert – Antonin eben! –, jetzt tanzt er, spielt mit den Tüchern, singt und hat große Freude. Eléonore hat ihm sogar einen kleinen Tanzanzug gekauft, der ihm sehr gefällt, weil er meinem ähnelt. Zuerst waren die anderen Kursteilnehmer ein wenig überrascht, dass ein so kleines Kind dabei ist. Doch Eléonore – im Gegensatz zu all den anderen Tänzern, die ich kenne – war sich ihrer Sache sicher. Jetzt gehört er ganz einfach dazu.

Nützliches und Unnützes

Nicht die Kinder, auch nicht die Eltern, sondern die Eliten eines Systems – momentan die globale Marktwirtschaft – legen fest, was von Menschen, insbesondere von jungen Menschen erlernt werden soll: Naturwissenschaft, Technik und Sprachen stehen zurzeit hoch im Kurs. In diesen Fächern in der Schule gut abzuschneiden wird als bedeutsam angesehen. Es wird diesen Fachbereichen so viel Bedeutung beigemessen, dass alles andere getrost weggelassen werden kann, weil es angeblich niemandem nützt.

Wer sagt aber, dass Mathematik bedeutsamer ist als zum Beispiel Tanzen? Tanzen allerdings ist in den Schulen nahezu gar nicht vorgesehen, ganz geringfügig Malen oder Musik. Dabei weiß man längst, dass diese Künste, die alle Sinne ansprechen und nicht ausschließlich das logische Denken, so sehr anregend wirken, dass die Tore weit offen stehen für Neues, die Sinne in Höchstform arbeiten und das Gehirn dadurch am aufnahmefähigsten ist.

Dennoch wird an allen Schulen genau das, was uns in sinnlicher Weise anspricht, als Erstes reduziert oder ganz gestrichen. Warum? Weil kein direkter ökonomischer Nutzen daraus zu ziehen ist! Diese künstlerischen Fächer scheinen ganz und gar unnütz zu sein. Dabei hat man längst herausgefunden, dass Kinder, die musizieren, auch leichter Mathematik lernen, dass Kinder, die sich in Schauspiel üben, nicht nur leichter lernen, sondern auch viel mehr soziale Kompetenzen aufweisen.

„The arts especially address the idea of aesthetic experience. An aesthetic experience is one in which your senses are operating at their peak. When you're present in the current moment, when

you're resonating with the excitement of this thing that you're experiencing, when you are fully alive.“ Sir Ken Robinson

Es geht nicht darum, aus jedem Kind einen Künstler, Maler, Tänzer oder Musiker zu machen, sondern den Kindern im spielerischen Umgang mit diesen Künsten zu erlauben, sich die Welt in Eigenregie auf vielfältige Weise zu erschließen. Natürlich ist diese Art zu lernen weniger kontrollierbar, lässt sich vermutlich nicht auf ein enges Klassenzimmer begrenzen, müssen die Schultüren weit aufgemacht werden, um in die verstaubten Räume endlich die ganze Welt und das echte Leben hereinzulassen.

„*Spielen heißt, immer etwas mit seinem ganzen Wesen erleben, und das ist ja gerade das, was die Schule den Kindern nicht ermöglicht. Kinder sollen das Leben ernst nehmen, sagt man, aber gerade das Spielen sollte ernst genommen werden. Das Spielen ist ja das, was alle Fähigkeiten beansprucht und alle Fähigkeiten auch entwickelt. Dadurch kommt man zu sich selbst, was anderes braucht man nicht. Das sollte eigentlich die Grundlage im Leben eines jeden Kindes sein: Tanzen, Musizieren, Malen. Alles andere kommt dann von selbst hinzu. Diese sogenannten Nebenfächer, die sollten die Hauptbeschäftigung aller Kinder sein, dann wären sie erfüllte Menschen, die zu allem anderen fähig sind.*“
Arno Stern

14. Februar 2013
Wir haben ein Video von Antonin, der neben meinem Papa sitzt, die „Ode an die Freude" von Beethovens 9. Sinfonie hört und dabei auf seine inzwischen geübte und doch jedes Mal erstaunliche Weise mit viel Schwung und Beteiligung „dirigiert".
Eine liebe Bekannte, die den kleinen Film gesehen hat, schrieb: „Besonders gelungen ist der entgleisende Blick des irren Genies zu Anfang des letzten Viertels!"
Heute zeige ich dieses Video unserem Freund Robert, der seit dem letzten Mal, als er für Antonin in Wernis Werkstatt gespielt hat, keine Gelegenheit hatte, ihn wiederzusehen. Robert ist Gitarrist, Lautenist, Komponist und Musikexperte, und das zeigt sich innerhalb von Sekunden: „Ach", sagt er, „Karajan!"
„Was?", frage ich.
„Ja, Antonin dirigiert wie Karajan!"
„???"
Ich weiß ja, dass Antonin quasi täglich Videos von Karajan auf YouTube sehen will.
„Er hat nicht nur die teutonische Gestik; er dirigiert auch vorne, und das tut nur Karajan!"
Begeisterte Kinder sind wie Schwämme.

„Was ist das?", fragt Antonin und zeigt auf den Stern auf der Haube eines großen Autos.
„Das Markenzeichen", antworte ich. Und ich nenne die Marke. Ab jetzt ruft Antonin jedes Mal freudig aus, wenn er ein solches Auto erblickt: „Merdedes!"

„Und das, was ist das für eine Marke?", fragt er bei vier Ringen nebeneinander …
Es genügt, ihm einmal die Antwort zu nennen, dann fragt er nicht wieder und erkennt es jedes Mal von weitem. Auch schwierige Markennamen merkt er sich sofort. „Volskwagen", sagt er mit deutschem Tonfall …

Nach wenigen Tagen kennt er alle Automarken. Eines seiner momentanen Lieblingsspiele ist, mit seinem Großvater meine Autozeitschrift Seite für Seite durchzublättern und alle Marken zu nennen. Und wenn sie die letzte Seite umgedreht haben, möchte er gleich wieder von vorne anfangen.

Heute gehen wir an einer Tankstelle vorbei. Antonin bleibt stehen: Ein Auto in der Waschanlage hat er noch nie gesehen.
Er will nicht mehr weg, er will verstehen, was hier abläuft. Die drei mächtigen rotierenden Bürsten, die sich um oder über das Fahrzeug bewegen, beunruhigen ihn zuerst, aber dann sieht er, dass das Auto dadurch nicht beschädigt, sondern gereinigt wird. Das gefällt ihm überaus. Er macht mit der Hand drehende Bewegungen und summt dazu. Es ist heute Sonntag und nur ein Auto will durch das Portal. Wir warten ein wenig, aber es kommt kein anderes mehr. Antonin ist ein wenig enttäuscht, wir kommen am nächsten Tag wieder vorbei. Da warten viele Autos in der Schlange.
Wir setzen uns auf einen Randstein. Ich denke, Antonin wird das Geschehen zwei, drei Male beobachten wollen, dann gehen wir weiter.
Wir bleiben anderthalb Stunden.
Zwanzig Autos werden gewaschen. Antonin kennt jetzt alle Details des Vorgangs und sagt sie voraus: „Jetzt geht der Mann auf den Knopf drücken", „jetzt kommt Shampoo!", „jetzt Räder waschen!" Die Kassiererin ist anfangs leicht aus der Fassung, bald aber ist sie von Antonin restlos begeistert.
Jetzt fragt er jeden Tag, ob wir zur Waschanlage gehen.
Auch seine Autos reinigt er täglich.
Eléonore hat ihm eine Bürste gegeben, die sie verwendet, um hohe Flaschen innen zu reinigen. Es ist genau das richtige Spielzeug für Antonin. Er dreht die Bürste, summt dabei, fährt im Drehen das Auto entlang, zuerst links, dann rechts, dann waagrecht oben ... Irgendwann sagt er: „Fertig, sauber, weiter-

fahren", und holt das nächste Auto. Auch anderthalb Stunden lang. Ohne Pause.

„Was ist das?", fragt Antonin und zeigt auf den Stromabnehmer auf dem Dach seiner Straßenbahn. Den Stromabnehmer kann man ausfahren, das hat ihn aber bis jetzt nie interessiert. Ich versuche, ihm zu erklären, was es ist und wie es funktioniert, aber es gelingt mir nicht wirklich. Dann hole ich, wie beim Mähdrescher, Hilfe aus dem Internet. Ich finde ein paar Videos, und Antonin versteht das Ganze sofort, ohne Worte. „Hoch geht der Stromabnehmer, jetzt berührt er den Faden, jetzt kann der Zug fahren", sagt er. Das eine Video, in dem ein Stromabnehmerschaden illustriert wird, will er zwanzig Mal sehen. „Der Stromabnehmer hat ein großes Problem", sagt er jedes Mal.
Am Abend spielt er mit seinem Zug. Sein weißes Bett ist seit einiger Zeit sein weißer Zug. Drei Stäbe kann man seitlich entfernen, sodass er eine Tür hat, durch die er hinein- und hinausschlüpfen kann. Für ihn ist das eine Zugtür.
Heute hat der Stromabnehmer seines Zugs ein großes Problem ...
Immer wieder muss Antonin den blauen elektrischen Schraubenzieher holen gehen, um sowohl den Stromabnehmer wie auch die Kabel zu reparieren. Dann kann der Zug weiterfahren.
Aber nicht sehr weit, denn der Stromabnehmer (auf Französisch ein schwieriges Wort: *pantographe*) hat wieder ein großes Problem und muss repariert werden ...

Von seinem Vater erzählt mein Papa, dass er zur Tombola kommen könnte, ein Los kaufen und gleich den Hauptpreis gewinnen. Als zum Gestapohauptquartier bestellter Jude ging er hin und traf dort den Hauptmann, einen Jugendfreund, der ihm am Ende einen Pass für die Freie Zone ausstellte. So war mein Großvater, und ich meine, diese Züge in meinem Sohn zu erkennen.
Mein Vater ist anders. Ihm fällt das Manna nicht direkt in den Mund. Er bewirkt aber durch Optimismus, dass es fällt – für seine

ganze Familie. Er findet Wege im Gebirge und im Nebel in Peru, wo andere verloren gehen, weil er sich sicher ist, dass er es schaffen wird, er überredet das Schicksal und fährt mit einem kaputten Motor noch bis zum Ziel.
Ich fühle große Verbundenheit und große Dankbarkeit, meinen Großvater, meinen Vater und meinen Sohn zu kennen.

Heute war der Spaziergang durch die Straßen von Paris länger als sonst. Nachdem wir, wie beinahe jeden Tag, an der Tankstelle ein paar Autowaschvorgänge betrachtet hatten, sind wir zum Karussell gegangen. Dort hat Antonin seine Gewohnheiten. Wir gehen mehrere Male in der Woche hin, er ist hier Stammkunde und macht jeweils fünf Fahrten auf verschiedenen Fahrzeugen. Es ist ein altes, schönes, rührendes Karussell, das unter Denkmalschutz steht. Viele Holzpferde trotten hier im Kreis, aber auch ein rotes Auto, zwei Motorräder, eine Straßenbahn, ein U-Boot und weitere Apparate. Diese zeitlose Welt mit Musik kreist und dreht sich nur und hat kein Ziel.
Ein Rot, ein Grün, ein Grau vorbeigesendet, ein kleines kaum begonnenes Profil.
Und dann und wann ein blaues Flugzeug.

Die zwei Männer, die das Karussell betreiben, kennen und mögen Antonin. Die anderen Kinder sehen sie üblicherweise ein oder vielleicht zwei Mal, für eine oder vielleicht drei Fahrten.

Nach der Karussellfahrt spazieren wir nach Hause, er ist ein bisschen müde und sitzt, wie so oft, auf meinen Schultern. Von relativ weitem vernehmen wir plötzlich das typische Geräusch eines Baggers. Antonin sagt, er will ihn sehen, und wir gehen hin. Nun stehen wir schon eine halbe Stunde am Eingang dieser großen Baustelle. Der Riesenbagger tanzt herum wie eine leichte Gazelle, transportiert Gegenstände oder gewaltige Erdmengen. Antonin beobachtet und kommentiert alles freudig.

Da kommt ein großer Mann aus einer der Baracken heraus und geht in unsere Richtung. Ich fürchte, er wird mir sagen, dass wir hier nicht stehen sollen.

„Ein erstaunliches Kind", sagt er freundlich und lächelt Antonin an. „Willst du eine Runde im Bagger fahren?" Er packt Antonin, nimmt ihn in seine Arme und bringt ihn zum Bagger. Der Fahrer macht die Tür auf, nimmt Antonin auf seinen Schoß, platziert seine Hände so, dass er das Gefühl des Lenkens haben kann, legt seine großen Hände darüber und nimmt meinen sehr konzentrierten und vertrauensvollen Sohn mit auf ein Abenteuer, von dem 99 Prozent der Jungen träumen, ohne es je zu erleben. Solche Dinge passieren Antonin ununterbrochen.

Zuerst dachte ich, so ist es für alle Kinder. Aber wenn alle Busfahrer ihre Glocke und die großen Scheinwerfer bei allen vorbeigehenden Kindern betätigen würden, wenn alle Polizeiautos bei grüner Ampel stehen bleiben würden, um für alle Kinder ihre Blaulichter zu aktivieren, wenn alle Müllwagenfahrer für alle Kinder freudig hupen würden – wäre es uns früher aufgefallen und, vor allem, hätten die Straßen von Paris ein anderes Gesicht. Und wenn die Betreiber des Riesenrads allen begeisterten Kindern drei zusätzliche Runden schenken würden, wäre ihr Geschäft gefährdet.

Doch das alles passiert Antonin.
Nicht weil er ein außergewöhnliches Kind ist, sondern weil er eben ein Kind ist – etwas, das wir nicht mehr kennen. Ein Kind, das im Leben, auf der Straße zu sehen ist – etwas, das wir nicht mehr erleben. Während er eine Stunde an der Autowaschanlage oder an der Baustelle steht, sind die Kinder in der Schule, bei der Tagesmutter oder in der Krippe, oder sie sitzen in schnell fahrenden Kinderwagen und werden innerhalb enger Zeitpläne von einem Punkt zum nächsten gefahren.
Durch die schwarz-weiße Stadt geht Antonin und hinterlässt eine bunte Spur.
Der kleine Befruchter, der kleine Begeisterer.
Die Bereicherung ist niemals einseitig.
Das Küchenfenster der Pizzeria, in die wir oft essen gehen, ist heute einen Spalt offen. Antonin liebt Pizza über alles. Er hat auch eine spezielle Beziehung zu Ferhad, dem Besitzer, und wenn die beiden sich sehen, fliegen die Funken. Aber er hat noch nie gesehen, wie eine Pizza entsteht. Heute sieht er, wie aus einer Kugel Teig eine flache Scheibe gewalzt wird, Tomatensauce darauf gegossen, Käse ausgebreitet … dann wird das Ganze in den Ofen geschoben und kommt nach wenigen Minuten als Pizza wieder heraus.

Antonin ist ganz Begeisterung.
Der Pizzaiolo, der dort amtiert, wirkt in seiner Arbeit ziemlich schwarz-weiß. Und als er sieht, dass Antonin ihm bei der Arbeit so vehement zuschaut, möchte er ihn warnen und sagt: „Pizzaiolo ist nicht gut, Küchenarbeit ist nicht gut; streng dich in der Schule an und studiere was Ordentliches ..."
Der gut gemeinte Ratschlag kommt bei Antonin nicht an. Erstens kennt er keine Hierarchie der Berufe und Beschäftigungen, sodass diese Bemerkung keinen Platz in seinem Bezugsystem findet; zweitens ist er so auf die Entstehung der Pizzen konzentriert, dass er sonst nichts wahrnimmt, und drittens fragt ihn keiner von uns, ob er den Ratschlag auch gehört hat und ihm folgen wird.

Und dann passiert etwas.
Anstatt dass die schwarz-weiße Monotonie des Pizzaiolos sich auf Antonin überträgt, wird der Pizzabäcker von Antonins Begeisterung nach und nach angesteckt.
Er wird immer bunter.
Lässt den Teig auf seiner Hand rotieren, lächelt, wenn Antonin lacht, weil er den Teig so auf dem Schieber hat landen lassen, dass das Mehl in einer kleinen Wolke herumspritzt, trägt die Tomatensauce plötzlich mit gekonntem Schwung auf, macht eine ganze Choreografie durch seine kleine Küche, zwischen Backofen, Käse, Schieber, Tellern ... zeigt alle Vorgänge, erklärt sie, erfreut sich seiner eigenen Geschicklichkeit, die gerade zur Geltung kommt.
Wenn ein Kind ihn so bewundert ... dann bedeutet es, dass sein Beruf doch nicht so fad ist. Dann ist er plötzlich nicht mehr bedeutungslos. Er jobbt nicht mehr. Er arbeitet. Er ist ein Künstler.

Epilog

„*Unser außergewöhnliches Vorstellungsvermögen hat folgenschwere und weitreichende Leistungen hervorgebracht und uns aus Höhlen in Städte und von Sümpfen auf den Mond geführt. Aber jetzt besteht die Gefahr, dass unsere Vorstellungskraft uns im Stich lässt. Wir haben weit gesehen, aber nicht weit genug ... Michelangelo sagte einmal: ‚Die größte Gefahr für die meisten von uns ist nicht, dass wir uns ein zu hohes Ziel setzen und dieses nicht erreichen, sondern dass wir uns ein zu geringes Ziel setzen und es erreichen.' Um unser aller Zukunft willen müssen wir uns hohe Ziele setzen und entschlossen sein, sie zu erreichen. Damit das geschieht, müssen wir unser Potenzial entdecken und in unser Element kommen – individuell und als Gemeinschaft.*"

Sir Ken Robinson

Für einen erwachsenen Menschen in unseren Breitengraden und wahrscheinlich in den ganzen sogenannten westlichen Gesellschaften ist der Gedanke, dass Kinder unserer Belehrung nicht bedürfen, ein unvorstellbarer. Wir sind durch und durch auf das Belehren und das Belehrt-Werden konditioniert. Und obwohl wir wissen – und vor allem spüren –, dass der Weg, den wir eingeschlagen haben, nicht mehr lange tragen wird, gehen, ja, hasten wir weiter, koste es was es wolle, ohne Rücksicht auf Verluste.

„alphabet" war von Anfang an als positives Projekt gedacht, und es geht jetzt und hier weder darum, das, was vor uns liegt, schwarzzusehen, noch eine düstere Stimmung zu verbreiten.

Wir sollten uns selbst die Zeit schenken, unsere Annahmen neu zu überdenken.

Viele von uns leben freiwillig oder unfreiwillig mit der zerstörerischen Formel: Zeit ist Geld. Aber auch das geht vorbei, spätestens wenn eine der beiden Größen gegen null tendiert. Wer je am Bettrand eines ernsthaft erkrankten Freundes gesessen ist, kann davon berichten, wie sich plötzlich die Koordinaten verschieben und in die diametral entgegengesetzte Richtung zeigen. Aber muss es immer erst so weit kommen, muss zuvor die Katastrophe eintreten, bevor wir bereit sind, neu zu denken?

Für das Neue werden wir eine neue Sprache brauchen, werden wir neue Wörter erfinden müssen, wird es sozusagen ein neues Alphabet brauchen – genau das sollte der Titel von Film und Buch suggerieren.

Das Wort *Erziehung* könnte einfach durch das Wort *Beziehung* ersetzt werden, und die Welt sähe plötzlich ganz anders aus. Jeder von uns hat die Erfahrung gemacht, dass uns nicht die Schule oder die Zeit der Schulung Mut gemacht haben: Es waren Bezugspersonen! Vielleicht eine Lehrerin, ein Lehrer, vielleicht auch eine Großmutter oder ein Onkel, vielleicht der Ballwart im Sportverein oder die Kassiererin an der Kinokasse, auf jeden Fall Menschen, die auf uns eingegangen sind und uns das Gefühl gegeben haben: Es ist gut, dass du hier bei uns auf dieser Welt bist, wir brauchen dich! Menschen, die uns vertrauensvoll zu unseren Talenten und Gaben geführt haben. Wer das erfahren hat, der ist auch selbst in der Lage zu geben.

Wir könnten ganz einfach damit beginnen, eine andere Perspektive auf das Leben einzunehmen, endlich den Machbarkeitswahn, dessen Wahnsinn noch aus dem vorigen Jahrhundert nachhallt, hinter uns lassen, endlich diese sinnlosen Wirtschaftskriege beenden, denn das Leben entsteht aus dem Miteinander und nicht – wie uns manche glauben machen wollen – aus dem Gegeneinander.

Das hat nichts mit Kuschelkurs und Sozialromantik zu tun, das hat nichts mit Rückschritt zu tun, sondern ganz im Gegenteil mit Fortschritt und Erneuerung.

Wenn ich „wir" sage, dann meine ich uns aus den sogenannten entwickelten, westlichen Gesellschaften, die sich großspurig als die Erste Welt bezeichnen. Wir haben diese Modelle entwickelt, verfeinert, reformiert und pervertiert, wir haben sie zu verantworten. Und wir können sie jederzeit auch wieder hinter uns lassen, weil wir erkannt haben, dass sich ihr Nutzen ins Gegenteil verkehrt hat.

Und wer soll es tun, wenn nicht wir?

„Death Valley is the hottest place in America. Not much grows in Death Valley. Because it does not rain. In the winter of 2004, something remarkable happened. It rained. 7 inches. And in the spring of 2005, there was a phenomenon: The whole floor of Death Valley was coated with spring flowers. What it demonstrated was that Death Valley wasn't dead. It was asleep. Right beneath the surface were these seeds of growth waiting for conditions.

And I believe it's exactly the same way with human beings. If we create the right conditions in our school, if we value each learner for themselves and properly, growth will happen."
Sir Ken Robinson

Von: Wagenhofer Erwin
Betreff: START ALPHABET
Datum: 12. Juni 2011 00:00:03 MESZ
An: Team alphabet

Meine Lieben,
in wenigen Stunden brechen wir auf in Richtung Frankreich zu den ersten Dreharbeiten des Films „alphabet". Es ist dies der Beginn einer Reise, für die wir Ziele definiert haben, deren Wege wir aber noch nicht kennen.
Es ist sicherlich kein Zufall, dass wir mit Arno Stern beginnen, jenem mutigen und, wie ich meine, unbestechlichen Mann, der die „Malspur" entdeckt hat. Ich halte das für den idealen Einstieg und hoffe, dass er auch uns auf die richtige Spur führt.
Wir haben uns viel vorgenommen und ausgedacht, haben uns vorbereitet, Energien gebündelt, jetzt müssen und wollen wir es umsetzen, und dabei wünsche ich uns allen viel Glück!
Ich wünsche uns Mut und Haltung, damit wir mit unserer Arbeit Menschen zu Neuem ermutigen, auf dass sie aufrechten Halt und eine neue Einstellung im Leben finden.
Ich wünsche uns, dass wir den Inhalt des Films auch leben können und durch Begegnungen Neues erfahren und Konkurrierendes hinter uns lassen.
Ich wünsche uns, dass wir das, was wir uns vorgenommen haben, realisieren können und dass wir dabei Freude entwickeln und Begeisterung verbreiten.
Ich wünsche uns Konsequenz, damit wir einen fruchtbaren Beitrag in die Welt setzen, damit diese etwas menschlicher wird.
Möge die Übung gelingen, ich bitte und ich danke euch!

Erwin Wagenhofer

Von: Erwin Wagenhofer
Betreff: FILM FERTIG
Datum: 06. Juli 2013 12:11:44 MESZ
An: Team alphabet

Liebe Freunde,
nach über zwei Jahren intensiver Arbeit freue ich mich, euch mitteilen zu können, dass wir letzte Nacht mit „alphabet" fertig geworden sind;
der Film kommt am 11.10. in Österreich und am 31.10. in Deutschland in die Kinos;
ich bedanke mich herzlich für eure Mitarbeit und verbleibe mit lieben Grüßen (noch aus Berlin)

Erwin Wagenhofer

Unser Dank geht an

unsere Kinder **Antonin**, **Annina**, **Jana**, **Magdalena** und **Raphaela** für die wesentlichsten Inspirationen
Thomas **Esterer** und Christine **Horn** für das so gelungene Artwork
Mathias **Forberg** für die Möglichkeit der Arbeitsklausuren in der Gillausklause
Sonja **Hagen** für die hilfreichen Kontakte
Kiprax für die spannenden Einblicke in die etwas andere Kinderwelt
Andreas **Leusink** von Henschel Schauspiel für die liebevolle Begleitung und Beratung in allen wichtigen Belangen
Moreau für die jahrelange, verlässliche Mitstreiterschaft
Joe **Rabl** für das geduldige, fachkundige Lektorat
Margret **Rasfeld** für ihr Engagement und ihre offenen Arme und Herzen
Katia **Saalfrank** für den intensiven Gedankenaustausch
Peter **Schipek** für seinen unermüdlichen und selbstlosen Einsatz für *alphabet*
Isolde **Schmitt** für die präzise Übersetzung des Textes von Pauline Stern
Familie **Sirk** für die Großzügigkeit von La Subida
die Kindergruppe **Waldfexxx** für die inspirierenden Waldtage in wohltuender Langsamkeit
und viele andere mehr ...

Literatur- und Quellenverzeichnis

Prolog
Eingangszitat aus Sir Ken Robinsons TED-Talk: Schools Kill Creativity; http://www.ted.com/talks/ken_robinson_says_schools_kill_creativity.html
Sir Ken Robinson, Lou Aronica: In meinem Element. Wie wir von erfolgreichen Menschen lernen können, unser Potential zu entdecken, Goldmann, München 2010 (The Element. How Finding Your Passion Changes Everything, Penguin Books 2009)
George Land, Beth Jarman: Breakpoint and Beyond. Mastering the Future – Today, Harper Business, New York 1992

Bildungsvorbild China
Informationen zum chinesischen Prüfungssystem aus:
Hoi K. Suen, Lan Yu: Chronic Consequences of High-Stakes Testing? Lessons from the Chinese Civil Service Exam, The University of Chicago Press on behalf of the Comparative and International Education Society, Vol. 50, No. 1, February 2006
Alex Cockain: Students Ambivalence Toward Their Experiences In Secondary Education: Views From A Group Of Young Chinese Studying On An International Foundation Program In Beijing, The University of Chicago Press, College of Asia and the Pacific, The China Journal, No. 65, January 2011
Zitat aus Sir Ken Robinsons TED-Talk: Schools Kill Creativity; http://www.ted.com/talks/ken_robinson_says_schools_kill_creativity.html

Ranking und Profit
PISA, PIAAC:
http://www.oecd.org/berlin/themen/pisa-internationaleschulleistungsstudiederoecd.htm
http://www.statistik.at/web_de/frageboegen/private_haushalte/piaac/index.html
Konrad Paul Liessmann, Theorie der Unbildung: Die Irrtümer der Wissensgesellschaft, Piper, München 2009
Richard Münch: Globale Eliten, lokale Autoritäten. Bildung und Wissenschaft unter dem Regime von PISA, McKinsey&Co. Suhrkamp, Frankfurt am Main 2009
Sir Ken Robinson, Lou Aronica: In meinem Element. Wie wir von erfolgreichen Menschen lernen können, unser Potential zu entdecken, Goldmann, München 2010 (The Element. How Finding Your Passion Changes Everything, Penguin Books 2009)

Machen oder Gelingen
Yakamoz Karakurt: Mein Kopf ist voll, Die Zeit, 18. August 2011

Die Besten der Besten
http://www.mckinsey.de
Erfolg mit Authentizität und Persönlichkeit, CEO of the Future, Career-Women. org, 26.01.2012; http://www.career-women.org/persoenlichkeit-authentizitaet-foerderwettbewerb-fallstudie-future-erfolg-_id3732.html

Werdegang einer guten Schülerin
Sir Ken Robinson, Lou Aronica: In meinem Element. Wie wir von erfolgreichen Menschen lernen können, unser Potential zu entdecken, Goldmann, München 2010 (The Element. How Finding Your Passion Changes Everything, Penguin Books 2009)
Catherine Baker: Insoumission à l'école obligatoire, éditions tahin party 2006

Von der Verzweckung der Kindheit
Richard Buckminster Fuller: Bedienungsanleitung für das Raumschiff Erde und andere Schriften, Fundus 137, Europäische Verlagsanstalt, Hamburg 2010

Von Mutigen, die andere Wege beschreiten
Richard Louv: Das letzte Kind im Wald. Geben wir unseren Kindern die Natur zurück, Herder, Freiburg im Breisgau 2013
Besuche bei der Kindergruppe Waldfexxx in Krems/Egelsee, Niederösterreich; Leitung: Sabine Polatschek, Christine Glaser-Ipsmiller; http://www.firecat.at/waldfexxx/

Seismografen der Gesellschaft
„Sind Kinder auch nur Menschen, Herr Largo?" Interview mit Remo Largo, FAZ, 8. April 2008; http://www.faz.net/aktuell/feuilleton/debatten/im-gespraech-remo-h-largo-sind-kinder-auch-nur-menschen-herr-largo-1549108.html
http://www.bundesaerztekammer.de/page.asp?his=0.7.47.3161.3162
http://www.dradiowissen.de/adhs-generation-ritalin.33.de.html?dram:article_id=15923
http://www.lehrerfreund.de/schule/1s/3-prozent-auf-ritalin/3872

Epilog
Sir Ken Robinson, Lou Aronica: In meinem Element. Wie wir von erfolgreichen Menschen lernen können, unser Potential zu entdecken, Goldmann, München 2010 (The Element. How Finding Your Passion Changes Everything, Penguin Books 2009)

Alle anderen Zitate im Buch stammen aus Originalinterviews für „alphabet", aufgenommen in der Zeit von Juni 2011 bis November 2012.
Zitate in Englisch aus Sir Ken Robinsons Rede *Changing Education Paradigms* anlässlich der Verleihung der Benjamin-Franklin-Medaille, RSA, London 2008; http://www.youtube.com/watch?v=mCbdS4hSa0s

Weiterführende Literatur

Timon Beyes, Jörg Metelmann: Anstand, Berlin University Press 2011
Julia Friedrichs: Gestatten: Elite. Auf den Spuren der Mächtigen von morgen, Hoffmann & Campe, Hamburg 2008
Julia Friedrichs, Eva Müller, Boris Baumholt: Deutschland dritter Klasse. Leben in der Unterschicht, Heyne, München 2010
GEO Wissen: Die ideale Schule, Nr. 44, 2009
Daniel Greenberg: Endlich frei! Leben und Lernen an der Sudbury Valley Schule, Arbor Verlag, Freiburg 2004
David Gribble: Schule im Aufbruch. Neue Wege des Lernens in der Praxis, Mit Kindern wachsen (Arbor Verlag), Freiburg 2000
Marianne Gronemayer: Genug ist genug. Über die Kunst des Aufhörens, Wissenschaftliche Buchgesellschaft, Darmstadt 2009
Sonja Hagen: Ich bin vollkommen. Das etwas andere Elternbuch, Irdana Verlag, Hamburg 2011
Michael Hartmann: Eliten und Macht in Europa, ein internationaler Vergleich, Campus, Frankfurt am Main 2007
Gerald Hüther: Biologie der Angst. Wie aus Stress Gefühle werden, Vandenhoeck & Ruprecht, Göttingen 2005
Gerald Hüther: Kommunale Intelligenz. Potentialentfaltung in Städten und Gemeinden, edition Körber-Stiftung, Hamburg 2013
Gerald Hüther, Uli Hauser: Jedes Kind ist hoch begabt. Die angeborenen Talente unserer Kinder und was wir aus ihnen machen, Knaus, München 2012
Gerald Hüther, Christa Spannbauer: Connectedness. Warum wir ein neues Weltbild brauchen, Verlag Hans Huber, Bern 2012
Jochen Krautz: Ware Bildung. Schule und Universität unter dem Diktat der Ökonomie, Hugendubel, München 2007
Humberto R. Maturana, Francisco J. Varela: Der Baum der Erkenntnis. Die biologischen Wurzeln menschlichen Erkennens, Fischer Taschenbuch Verlag, Frankfurt am Main 2012
Julian Nida-Rümelin: Philosophie einer humanen Bildung, edition Körber-Stiftung, Hamburg 2013
Richard David Precht: Anna, die Schule und der liebe Gott. Der Verrat des Bildungssystems an unseren Kindern, Goldmann, München 2013
Margret Rasfeld, Peter Spiegel: EduAction. Wir machen Schule, Murmann Verlag, Hamburg 2012

Rainer Maria Rilke: Lektüre für Minuten: Gedanken aus seinen Büchern und Briefen, Insel Verlag, Frankfurt am Main 1988
Ken Robinson: Out of Our Minds. Learning to be Creative, Capstone Publishing Ltd., Westford, MA, 2011
Katharina Saalfrank: Du bist ok, so wie du bist. Das Ende der Erziehung, Kiepenheuer & Witsch, Köln 2013
Andreas Salcher: Nie mehr Schule. Immer mehr Freude, Ecowin, Salzburg 2012
Peter Sloterdijk: Du musst dein Leben ändern, Suhrkamp, Frankfurt am Main 2009
André Stern: ... und ich war nie in der Schule. Geschichte eines glücklichen Kindes, Zabert Sandmann, München 2009
Arno Stern: Wie man Kinderbilder nicht betrachten soll, Zabert Sandmann, München 2012
Arno Stern: Das Malspiel und die natürliche Spur. Malort, Malspiel und die Formulation, Drachen Verlag, Klein Jasedow 2012
Arno & André Stern: Mein Vater mein Freund. Das Geheimnis glücklicher Söhne, Zabert Sandmann, München 2011
Emmanuel Todd, Youssef Courbage: Die unaufhaltsame Revolution. Wie die Werte der Moderne die islamische Welt verändern, Piper, München 2008

Filme
Reinhard Kahl: Treibhäuser der Zukunft. Wie in Deutschland Schulen gelingen, Deutschland 2009
Álvaro Pastor, Antonio Naharro: Yo, también / Me too – Wer will schon normal sein, Spanien 2009
Nicolas Philibert: Sein und Haben / Être et avoir, Frankreich 2002

Vorträge, Hörbücher
Gerald Hüther: Die transformierende Kraft der Liebe, 2006
Gerald Hüther: Begeisterung ist Dünger fürs Gehirn, Bregenz, Oktober 2010
Gerald Hüther: Wer sind wir und wenn ja, wie viele, Heidelberg, März 2011
Manfred Spitzer: Schule und was sie heute leisten sollte, Galila Verlag, Etsdorf am Kamp 2009
Manfred Spitzer, Norbert Herschkowitz: Warum Lernen Spaß macht. Hirnforschung und Schule, Galila Verlag, Etsdorf am Kamp 2009
Die Rankingfalle, Radiokolleg-Serie, Ö1, März 2013
Lob der Faulheit, Radiokolleg-Serie, Ö1, April 2013

PHILOSOPHIE UND LEIDENSCHAFT

Ecowin wurde 2003 als unabhängiger Verlag gegründet.

Wir konzentrieren uns auf spannende Autoren, die zu spannenden Themen und Entwicklungen unserer Welt einen Beitrag leisten.

Die Vielfalt der Meinungen sowie der Diskurs unter den Autoren und innerhalb des Verlags sind uns viel wichtiger als das Vertreten nur einer Denkweise.

Wir investieren in langfristige Beziehungen mit unseren Autoren, Herstellern und Buchhändlern.

Bis heute haben wir weder Verlagsförderung beantragt noch erhalten.

Als österreichischer Verlag produzieren wir von Beginn an ausschließlich umweltfreundlich* in Österreich.

Nichts ist für uns spannender als das nächste neue Buch.

HANNES STEINER
VERLEGER

ClimatePartner °
klimaneutral

Druck | ID: 10944-1309-1001

* Wir freuen uns, dass die Druckerei Theiss unsere Bücher nach den Richtlinien des österreichischen Umweltzeichens herstellt. Sowohl die Materialien als auch die Produktion entsprechen dem hohen österreichischen Umweltstandard. Mit dem Buch, das Sie in Händen halten, leisten wir einen aktiven Beitrag zum CO_2-Ausgleich. Durch Eingabe der ID-Nummer auf www.climatepartner.com können Sie sich über das von uns unterstützte Projekt informieren.